AF325292

LE ROI

DES FRANÇAIS

ET

SA FAMILLE.

SOUS PRESSE

Pour paraître le 15 janvier 1833.

HISTOIRE
DU PALAIS-ROYAL,

DEPUIS SA CONSTRUCTION EN 1689
JUSQU'EN 1833.

Un vol. grand in-18 de 400 pages.

Cet ouvrage curieux contiendra d'intéressantes notices sur tous les personnages éminens qui ont successivement habité le Palais-Royal, et une suite d'anecdotes inconnues et de faits importans puisés dans des documens *inédits*. L'espace de temps qu'embrasse ce livre a été fécond en événemens remarquables qui se sont passés au Palais-Royal, d'abord nommé *Palais-Cardinal* par son fondateur le cardinal Richelieu, de sanglante mémoire.

IMPRIMERIE DE E. DUVERGER,
RUE DE VERNEUIL, N° 4.

LOUIS-PHILIPPE chantant la Marseillaise avec le Peuple, au Palais Royal. (Août 1830.)

LE ROI

DES FRANÇAIS

ET

SA FAMILLE,

PAR UN PATRIOTE DE 1789.

le C⁶ A. de Ribbing

PARIS.

BARBA, LIBRAIRE,

PALAIS-ROYAL, GRANDE COUR,

DERRIÈRE LE THÉÂTRE-FRANÇAIS.

1833.

LE ROI DES FRANÇAIS

ET

SA FAMILLE.

Il est un vulgaire parmi les princes comme parmi les autres hommes, disait le plus grand écrivain du siècle dernier ; il est bien peu de rois même dont l'histoire particulière méritât d'être écrite. En vain la flatterie ou la malignité s'est exercée sur presque tous; il n'y en a qu'un très petit nombre dont la mémoire se conserve, et ce nombre serait plus petit encore si l'on ne se souvenait que de ceux qui ont été justes.

Nous croyons qu'une plus heureuse destinée est réservée au prince que le vœu du peuple français a élevé au trône. Son nom parviendra, nous l'espérons, à la postérité, accompagné des justes éloges de ses contemporains et des nombreux témoignages de leur reconnaissance pour le bonheur dont aura joui, sous son règne, notre belle patrie, si long-temps en proie à de cruelles dissentions. Chef d'une dynastie nouvelle, de lui datera une ère nouvelle pour la France; déjà, dans sa propre vie, tout se rattache aux époques les plus mémorables de nos fastes modernes, depuis les faits d'armes glorieux de sa première jeunesse, suivis de malheurs si peu mérités, jusqu'aux immortelles journées de juillet 1830, où s'accomplit enfin l'expulsion d'une branche dont les derniers rejetons étaient si peu dignes de régner sur des Français.

Louis-Philippe Ier, entouré d'une nombreuse famille, voit croître autour de lui de superbes espérances. Puissent-elles, ainsi que celles du peuple qu'il a été appelé à gouverner, n'être jamais trahies par la fortune !

Ce prince naquit à Paris, le 6 octobre 1773, de Louis-Philippe-Joseph, duc de Chartres, et de Louise-Marie-Adélaïde de Bourbon-Penthièvre.

Son grand-père, Louis-Philippe, duc d'Orléans, petit-fils du régent, vivait encore ; prince généreux et magnifique, qui faisait un noble usage de ses immenses richesses. Il avait, jeune encore, porté les armes avec éclat, et

s'était déjà distingué par sa bravoure
et son sang-froid à la malheureuse bataille de Dettingen (27 juin 1743), où
il eut un cheval tué sous lui. Nommé
lieutenant-général , l'année suivante,
il se distingua encore au siége de Fribourg , qui dura deux mois. « Les soldats , dit un historien , redoublaient
d'ardeur en le suivant à la tranchée et
aux attaques. » La guerre s'étant ral-
lumée en 1757, il fit la première campagne sous les ordres du maréchal
d'Estrées; mais celui-ci , victime d'intrigues de cour, ayant été rappelé de
l'armée qu'il commandait , le lendemain même du jour où il avait rem-
porté une victoire complète sur le duc
de Cumberland , à Hastenbeck (29
juillet 1757), le duc d'Orléans, de son
côté, ayant éprouvé des dégoûts, suivit
le sort de d'Estrées , quand celui-ci fut

remplacé par le maréchal de Richelieu. En 1771, pendant la lutte qui
éclata entre la cour et les parlemens,
il prit hautement parti pour ceux-ci,
qui défendaient alors les intérêts populaires, et fut, ainsi que son fils, constamment opposé au parlement bâtard
du chancelier Maupeou. Ce prince eut
une vieillesse heureuse : il se voyait
revivre dans une nombreuse postérité. Le bruit des fêtes qu'il donna, en
diverses occasions publiques, remplis-
sait l'Europe ; il protégeait les lettres
et les arts, répandait de nombreuses
charités, qui n'ont été révélées qu'après
sa mort par les regrets de tous les in-
fortunés qu'il avait secourus. Respecté
à la cour, et si populaire dans la capitale
qu'on l'appelait le *Roi de Paris*, le roi
de Versailles n'y venant guère, il ter-
mina tranquillement sa longue car-

1.

rière à Sainte-Assise, le 18 novembre
1785, après avoir eu le bonheur de
vieillir en des temps paisibles.

Son fils fut loin de jouir d'un sort
aussi heureux. Prince aimable, spiri-
tuel, chéri de tous ceux qui approchaient de sa personne, il n'était certes pas sans défauts, de ceux-là même
qu'on chantait, qu'on vantait presque
comme des vertus en son grand-aïeul
Henri IV; mais, indignement calomnié par des courtisans pervers, il fut
constamment en butte à leurs outrages,
à la haine d'une cour corrompue et à
celle de tous les ennemis de notre révolution. Il périt enfin, lâchement sacrifié
par ceux-là même qu'il avait aidés à
saisir un pouvoir dont ils se servirent
pour le perdre; par ceux-là dont il
avait embrassé la cause, croyant ne
servir que celle de la liberté.

Quel homme cependant entra jamais dans la vie sous de plus heureux
auspices et put raisonnablement se
promettre un plus bel avenir? A vingt-
deux ans, il avait épousé l'aimable et
vertueuse fille du duc de Penthièvre [1], dont la richesse était encore le
moindre avantage. En 1771, il avait
déjà acquis une grande popularité, en
résistant ainsi que son père au coup
d'état de cette année, la dissolution
des parlemens. Il refusa de siéger dans
celui du chancelier Maupeou, et fut
alors, pour la première fois, exilé, mais
seulement de la cour, disgrace qui,
à la fin d'un règne scandaleux, était
un titre à l'estime et à la faveur du
public. Louis XV étant mort, son
successeur rappela les anciens parle-

(1) Son mariage fut célébré dans la chapelle de Versailles, le 5 avril 1769.

mens où les princes et les pairs reprirent leurs places. Pendant la guerre
d'Amérique, le duc de Chartres obtint
la permission de servir sur mer. Il
commanda une division de l'armée
navale, dite l'*escadre bleue*, sous les
ordres du vice-amiral comte d'Orvilliers, qui attaqua la flotte anglaise commandée par l'amiral Keppel, le 27
juillet 1778. Le combat fut livré à la
hauteur d'Ouessant, et, comme tant
d'autres batailles sur mer, ne fut point
décisif. Les pertes furent des deux
côtés à peu près égales ; les deux flottes
rentrèrent, et les deux nations s'attri-
buèrent l'avantage. Ce qui prouve cependant que les Anglais furent loin
d'être satisfaits de l'issue de l'affaire
d'Ouessant, c'est que l'amiral Keppel
eut à rendre compte de sa conduite devant un conseil de guerre. Mais on n'é-

leva, du moins, aucun doute sur la conduite du duc de Chartres, qui avait arboré son pavillon sur le *Saint-Esprit*,
vaisseau de 80 canons, et qui, par une
manœuvre de l'amiral d'Orvilliers, se
trouva avec l'escadre bleue à l'avant-
garde et soutint long-temps le feu des
Anglais à demi-portée de canon. « Le
« duc de Chartres », écrivit le ministre
de la marine au duc de Penthièvre,
beau-père du prince et amiral de
France, « a fait preuve d'un courage
« froid et tranquille et d'une présence
« d'esprit étonnante. Sept gros vais-
« seaux, dont un à trois ponts, ont suc-
« cessivement combattu celui du duc,
« qui a répondu avec la plus grande
« vigueur, quoique privé de sa batte-
« rie basse. Un vaisseau de notre armée
« a dégagé le *Saint-Esprit* dans le mo-
« ment le plus critique, et a essuyé un

« feu si terrible qu'il a été absolument
« désemparé et forcé de se retirer. »
La flotte étant rentrée à Brest, le duc
de Chartres revint à Paris et fut reçu
par le public avec un enthousiasme
qui bientôt porta ombrage à la cour[1].

(1) Des chansons, des pasquinades sur lui
et sur la bataille indécise d'Ouessant, qu'on
avait, était-il dit, voulu faire passer pour
une éclatante victoire, furent répandus dans
le public. Nous citerons ici quelques lignes
d'un écrit scandaleux intitulé : *Vie privée du
prince sérénissime monseigneur le duc de Chartres*, imprimée en 1784, à cent lieues de la Bastille, qui, au milieu de calomnieuses imputations, convient cependant de l'effet que
produisit l'arrivée du prince dans la capitale :

« Il vint tout triomphant à Paris, le 2 août,
« et descendit à son palais sur les cinq heures
« du soir. Tous ses appartemens étaient rem-
« plis de courtisans qui l'attendaient. Les
« escaliers même étaient si pleins qu'il eut
« peine à monter dans ses appartemens.

Les autres princes du sang royal n'a-
vaient pas eu l'occasion de s'illustrer
par leur courage. Le comte d'Artois
n'avait pas encore acquis cette gloire
dont il se couvrit depuis, comme on
sait, au siége de Gibraltar. Il fut bien-

« L'abbé Delaunay lui avait présenté, à la
« descente de son carrosse, une pièce de vers
« intitulée *Bulletin du Parnasse*, mais qu'il
« ne se donna pas la peine de lire; et nous
« nous faisons un vrai plaisir de publier ici
« qu'il sacrifia quelques instans entre les em-
« brassemens de sa digne épouse et de ses
« charmans enfans avant de *voler à son cher*
« *Opéra*. Là, il s'attendait bien à recueillir de
« nouvelles acclamations, qui mettraient le
« comble à sa gloire et à sa satisfaction. Il
« parut d'abord sur son balcon avec madame
« la duchesse. Le peuple, en les voyant,
« exprima par des cris de joie le plaisir
« que cette scène lui causait. Le prince se
« rendit ensuite à l'Opéra. Tous les specta-
« teurs se levèrent et l'applaudirent pendant
« plus d'une demi-heure, etc. » (p. 51 et 52.)

tôt décidé à Versailles, dans les conseils de la reine Marie-Antoinette et du comte d'Artois, que le duc de Chartres ne servirait plus sur mer et qu'il serait privé de la survivance de la charge de grand-amiral qu'avait son beau-père. Le faible et malheureux Louis XVI, qui n'eut guère de volonté à lui, adopta comme sienne, en cette circonstance, ainsi que depuis en de plus importantes pour lui-même, la volonté qui lui fut suggérée. Il n'est point parvenu à notre connaissance quel fut le premier motif de l'aversion que la reine avait conçue pour le duc de Chartres; mais les faits n'ont que trop prouvé que sa haine fut vive et constante, et, malheureusement, ce sentiment devint bientôt réciproque. Quoique abreuvé de dégoûts, le duc voulut cependant rejoindre la flotte et repren-

(13)

dre le commandement de son escadre
bleue; mais cela ne lui fut point permis.
La reine lui intima, au nom du roi, par
la lettre suivante, une défense formelle
de s'embarquer : « Le roi est informé
« et mécontent, monsieur, de la dispo-
« sition où vous êtes de vous joindre
« à son armée navale. Le refus cons-
« tant qu'il a cru devoir faire aux ins-
« tances les plus vives de ce qui le tou-
« che le plus près, les suites qu'aura
« votre exemple, ne me laissent que
« trop voir qu'il n'admettra ni excuse
« ni indulgence. La peine que j'en ai
« m'a déterminée à accepter la com-
« mission de vous faire connaître ses
« intentions, qui sont très positives. Il
« a pensé qu'en vous épargnant la for-
« me sévère d'un ordre, il diminuerait
« le chagrin de sa contradiction, sans
« retarder votre soumission. Le temps

« vous prouvera que je n'ai consulté
« que votre véritable intérêt, et qu'en
« cette occasion comme en toute autre,
« je chercherai toujours, monsieur, à
« vous prouver mon sincère attache-
« ment.   « MARIE-ANTOINETTE. »

Le prince fut donc obligé de renon-
cer au service de mer, et de se con-
tenter de la charge de colonel-général
des hussards, place que le roi créa pour
lui, à condition qu'il renoncerait à la
survivance de celle de son beau-père.
Il y avait quelque chose de dérisoire
dans cette manière de disposer d'un
amiral et de lui enlever le commandement des flottes de la France, pour le
placer, par un vain titre, à la tête de
2,000 hommes de troupes légères [1].

(1) Il n'y avait alors que six régimens de
hussards en France, chacun de quatre cents
hommes, et pas toujours au complet.

Aussi, les courtisans ne manquèrent-
ils pas de s'égayer à ce sujet et de mul-
tiplier leurs plats quolibets. Le prince
mécontent s'éloigna dès lors de la cour,
et, ne pouvant servir utilement son
pays, chercha dans les douceurs de
la vie privée des dédommagemens aux
mécomptes d'une ambition qui n'avait
encore rien de blâmable. Paris lui of-
frit ces dédommagemens en foule,
mais ils ne lui firent point oublier les
torts qu'on avait eus envers lui à Versailles. Il fut bientôt entouré d'une
cour nombreuse dans la capitale. Le
choix des personnes dont il fit sa société
la plus intime ne fut pas toujours approuvé du public, et quelques détails
de sa conduite privée purent même
donner prise à la censure. Ce qu'il y
eut d'assez extraordinaire, c'est qu'une
vaste et belle entreprise, à laquelle il

consacra d'immenses capitaux et employa une foule d'ouvriers, fut ce qui porta la première atteinte à la popularité dont il avait joui jusqu'alors. La destruction de l'antique jardin qui tenait au Palais-Royal [1], et qui ser-

(1) Ce palais fut bâti en 1689, sur l'emplacement de l'hôtel de Rambouillet, par l'architecte Jacques Lemercier. Le cardinal de Richelieu, qui avait présidé à sa construction, lui donna fastueusement le nom de *Palais-Cardinal* et se plut à l'embellir. Quoique ce premier édifice fut fort irrégulier, il était déjà considéré, à cette époque, comme une des merveilles de Paris.

> Non, l'univers entier ne peut rien voir d'égal
> Aux superbes dehors du Palais Cardinal:
> Toute une ville entière, avec pompe bâtie,
> Semble d'un vieux fossé par miracle sortie,
> Et nous fait présumer, à ses superbes toits,
> Que tous ses habitans sont des dieux et des rois.
>
> (*Corneille*, le Menteur, acte II, scène 5.)

Le 6 juin 1336, le cardinal Richelieu fit à Louis XIII une donation entre-vifs de son

vait de rendez-vous à tous les oisifs de
la capitale, les bâtimens élevés qui
ôtaient la vue de cette promenade et
la moitié de leur valeur aux maisons
environnantes, avaient blessé les intérêts et contrarié les habitudes de bien

palais, donation qu'il renouvela par testament en 1641, et dont le roi ne profita guère,
car sa mort suivit de bien près celle de son
ministre. Anne d'Autriche, devenue régente,
quitta le Louvre et vint, le 7 octobre 1642,
avec ses deux fils, Louis XIV et le duc d'An-
jou, encore enfans, s'établir au Palais-Cardinal, qui prit alors le nom de *Palais-Royal*.
En 1652, Louis XIV abandonna cette résidence pour aller au Louvre, et elle fut habi-
tée ensuite par Henriette-Marie, reine d'Angleterre, réfugiée en France, et par le frère
du roi, Monsieur, depuis duc d'Orléans, qui
devint propriétaire du Palais-Royal en 1692.
Ce prince commença à y faire de grands
embellissemens, qui furent continués par le
régent.

des habitans de Paris. Les dames de haut parage regrettaient vivement cette ancienne allée où elles se montraient, tous les soirs, avec tant d'avantage, rivalisant entre elles de luxe et d'élégance. Elles y étaient cependant assez souvent éclipsées par une classe nombreuse de femmes d'une naissance moins illustre et d'une vertu moins sévère, mais richement entretenues et presque aussi choyées qu'elles, en ce bon temps si vanté, qui n'était pas précisément celui des bonnes mœurs. Sans compter le nombre considérable d'élégans désœuvrés qui se pressent toujours dans les promenades à la mode, on voyait encore réunis, dans ce jardin, les grands politiques de l'époque, aussi forts en combinaisons que ceux de la petite Provence, aux Tuileries. Ils se rassemblaient vers midi

pour régler, à l'envi, les destinées de
l'Europe et tracer avec leurs jones
des plans de batailles sur le sable.
C'est là qu'ils avaient long-temps,
sous le vieil orme, burlesquement
appelé l'arbre de Cracovie, écouté
avec délices les récits de l'abbé *Trente-
mille-hommes* [1] faisant manœuvrer ses
armées imaginaires. Tout ce monde
regrettait l'ancien jardin ; il n'y avait
qu'un cri contre le prince qui détrui-
sait leur promenade par avidité, di-

(1) Cet excellent abbé politique, qui faisait toujours marcher une armée de trente
mille hommes au secours des princes qu'il
favorisait. Le nom lui en était resté, et un
des habitués de l'arbre de Cracovie, qui ne
lui en connaissait pas d'autre, fit, en mourant,
un legs considérable à l'abbé Trente-mille-
hommes pour le plaisir qu'il lui avait causé.
Le legs, quoique sans autre indication, fut
exactement payé.

sait-on, afin d'augmenter ses revenus, tandis qu'en réalité il porta une forte atteinte à sa fortune par cette entreprise qu'il n'eut ni le temps ni les moyens d'achever. Cependant on reconnut bientôt qu'il y avait quelque parti à tirer du nouveau Palais-Royal. La promenade était rétrécie, mais l'espace qui restait était encore considérable; de jeunes arbres remplaçaient les anciens: ils ne donnaient point d'ombre encore, mais ils en promettaient; le beau monde revint, les marchands et les restaurateurs firent d'excellentes affaires, les étrangers accoururent en foule admirer ce monde en miniature, cette ville dans une autre ville, où l'on pouvait passer sa vie entière, et, sans sortir de l'enceinte, trouver tout ce qui est nécessaire à la vie et peut contribuer à son agrément. Les Parisiens d'aujourd'hui jetteraient bien d'autres clameurs que leurs pères s'ils étaient privés du Palais-Royal moderne, un des principaux ornemens de leur ville, maintenant surtout qu'il a été si heureusement achevé et purifié.

On eut bientôt à s'occuper d'objets d'une plus haute importance. On préludait de toutes parts dans le royaume, et surtout à Paris, à la révolution de 89. Elle était faite dans les esprits quand Louis XVI monta sur le trône; depuis long-temps la nation sentait le besoin des institutions qui lui manquaient. C'est dans les scandales et les prodigalités du règne de Louis XV, abandonnant, sur la fin de sa vie, les rênes de l'État à d'indignes maîtresses, et se consolant au Parc-aux-Cerfs de la misère du peuple, qui souvent manquait de pain ; c'est dans l'emploi des

lettres de cachet, dans le despotisme
des intendans et des gouverneurs des
provinces et de toute la hiérarchie des
employés du gouvernement; c'est dans
le désordre toujours croissant des finances, qu'il faut chercher les causes
de cette révolution. On a enfin reconnu
combien il était absurde d'en attribuer
la gloire ou le blâme à tel ou tel homme.
Il ne faut pas trop se plaindre cependant du règne de Louis XV; la France
lui a de grandes obligations; du choc
de ses désordres est sorti un meilleur
état de choses. Ce prince porta des
coups mortels au pouvoir absolu par
l'abus qu'il en fit lui-même ou en laissa
faire à ceux qui l'exerçaient en son
nom; l'auréole qui avait entouré le
règne de son prédécesseur s'évanouit,
tous les yeux furent dessillés, et le despotisme déshonoré est aussi instructif

pour les peuples que le despotisme entouré de gloire leur est funeste.

L'infortuné Louis XVI paya pour son aïeul ; il voulait le bien , mais manqua de persévérance pour le faire et de fermeté pour suivre même ses propres volontés. Il rappela les parlemens exilés , et malheureusement aussi un vieux courtisan , disgracié par Louis XV, et exilé pour avoir déplu à madame de Pompadour, M. de Maurepas, qu'il plaça à la tête de son ministère. Deux hommes , qui unissaient de grands talens à de grandes vertus, furent aussi appelés à son conseil ; mais Turgot et Malesherbes ne restèrent pas long-temps ministres. Le premier, qui avait acquis une haute réputation par la sagesse et la popularité de son administration , comme intendant d'une province, voulait opérer aussi

dans l'administration de l'État les ré-
formes que l'opinion réclamait, et
dont le roi reconnaissait lui-même la
nécessité ; mais il s'attira ainsi la haine
des courtisans et de tous les privilégiés. Le vieux Maurepas se joignit aux
ennemis de Turgot et les ligua avec le
parlement nouvellement réintégré. Le
roi sacrifia avec regret, aux clameurs
d'une cour corrompue, un ministre
qu'il estimait. Malesherbes, qui parta-
geait les principes de Turgot, fut enveloppé dans sa disgrace. Les prodigalités s'accrurent, et avec eux les embarras des finances ; le Génevois Necker, qui avait été placé à la tête de ce
département, voulut y obvier et fournir aux frais de la guerre d'Amérique,
en établissant l'égalité des charges.
Son fameux *Compte-rendu* découvrit
ses desseins ; la noblesse, le clergé et

le parlement se liguèrent encore contre lui et il succomba à son tour. Calonne lui succéda , et ne sachant plus, malgré sa jactance , où trouver des ressources , engagea le roi à convoquer une assemblée des notables du royaume, c'est-à-dire des premiers personnages de la cour et de la magistrature. Il leur demanda de l'argent ; les privilégiés n'en voulurent point donner. Le duc de Chartres, qui avait pris le titre de duc d'Orléans à la mort de son père , en 1785 , présidait un des bureaux de cette assemblée, qui se retira sans avoir rien fait que renverser l'imprudent Calonne. Le peuple avait espéré que cette réunion, dont on n'avait pas eu d'exemple depuis le règne d'Henri IV, produirait d'autres résultats, et le mécontentement de la nation fut extrême. Brienne , archevêque de

Toulouse et homme de cour, arriva alors au ministère qu'il ambitionnait depuis long-temps; il jouissait de la plus haute réputation dans les salons, et montra l'incapacité la plus absolue dans le maniement des affaires. Il irrita les esprits au lieu de les calmer, se brouilla avec le parlement, le fit exiler à Troyes, le rappela, engagea le roi à tenir des lits de justice pour obtenir par la force l'enregistrement de ses édits bursaux, et ne sut enfin gouverner qu'avec des coups d'état. Douze membres de ce parlement, et le duc d'Orléans à leur tête, avaient déclaré que le droit de voter des impôts n'appartenait qu'aux *États-Généraux*. Cette opinion eut de l'écho dans la France entière; elle devint celle de tous les parlemens et de tous les amis de la liberté. Le prélat-ministre, nommé de-

puis peu archevêque de Sens, engagea
le roi à venir en personne tenir un
nouveau lit de justice, pour faire en-
registrer les édits portant création d'un
emprunt de quatre cent vingt millions.
Le 19 novembre 1787, le roi tint cette
séance, à l'ouverture de laquelle il
annonça qu'il était venu pour entendre les opinions de son parlement,
« que chacun pouvait énoncer libre-
ment. » Mais, lorsqu'il fut reconnu que
la grande majorité des membres serait
contraire à l'enregistrement, le roi défendit au garde-des-sceaux Lamoignon
d'achever de compter les voix, et ordonna que les édits bursaux fussent
enregistrés de suite, sans délibération
ultérieure. Le duc d'Orléans prit alors
la parole et protesta contre un enregistrement qui lui paraissait illégal.
Lorsque le roi se fut retiré, le parle-

ment adhéra à l'unanimité à cette pro-
testation, et, le lendemain, le duc d'Orléans fut exilé à Villers-Cotterets. Cet
acte de despotisme indigna tout Paris.
Le parlement se rendit en corps à Versailles pour demander le rappel du
prince, et la mise en liberté de deux
conseillers, MM. de Fréteau et Sa-
battier, qui avaient été arrêtés et re-
légués dans les prisons du château de
Dourlens et du mont Saint-Michel.
Le roi rejeta la demande et dit qu'il
avait eu de fortes raisons pour les
punir. Le parlement revint à la charge, déclarant dans ses nouvelles re-
montrances : « Que le roi n'avait pas
« le droit de punir, puisqu'il n'avait
« pas celui de juger; qu'il n'avait que
« le plus beau droit de tous, celui de
« faire grace. » Mais le roi refusa encore.

Le duc d'Orléans eut plus de sujet de se plaindre de son second exil que du premier. Ceux qui étaient chargés cette fois d'exécuter les ordres du roi à son égard, loin de le ménager, semblaient prendre à tâche de l'aigrir de plus en plus contre la cour. On lui refusait de recevoir, tant à Villers-Cotterets qu'au Raincy, les personnes dont on savait que la société pouvait lui être agréable; il avait reconquis toute sa popularité à Paris, depuis qu'il s'était prononcé avec tant d'énergie au parlement et avait ouvertement embrassé la cause de la liberté. L'opinion publique s'empressa d'environner de sa faveur un prince dans lequel on ne vit plus qu'*une illustre victime du pouvoir arbitraire* [1]. Rivarol, un de ses

(1) Mémoires du marquis de Ferrières, qui ne doit point être suspect en parlant

3.

plus virulens détracteurs, disait: «Contre toutes les lois de la perspective,
le duc d'Orléans s'agrandit en s'éloignant. »

Pendant que tous ces événemens se
succédaient, la jeune et nombreuse
famille du duc grandissait sous ses
yeux et ceux de la plus tendre des
mères. Louis-Philippe, portant alors
le nom de duc de Chartres, était dans
sa quatorzième année, lorsque son père
fut exilé. Cet acte arbitraire parut faire
une vive impression sur son esprit et
lui inspira de bonne heure l'horreur
du despotisme. Il put aussi apprendre
alors, en observant tout ce qui se passait sous ses yeux, à apprécier à leur
juste valeur les courtisans et leurs in-

ainsi de ceux qui s'étaient prononcés pour
la révolution de 89, et particulièrement du
duc d'Orléans.

trigues, science éminemment utile à
celui qui devait un jour être entouré
d'une cour. Il avait reçu une éducation mâle, quoique, par une détermi-
nation qu'on traita généralement de
bizarre, son père, qui aimait à agir
autrement que le vulgaire, eût confié la direction de cette éducation, ainsi
que celle de ses autres enfans, à une
femme, la célèbre comtesse de Genlis.
Mais déjà, dès l'âge de cinq ans, le
jeune duc avait été remis aux soins
d'un sous-gouverneur, le chevalier de
Bonnard, qui avait honorablement
servi dans l'artillerie, et s'était fait
connaître par quelques succès littéraires. Le jeune duc de Chartres était
d'une constitution robuste; elle fut
encore fortifiée par une gymnastique
bien entendue, à laquelle il se li-
vrait, ainsi que ses frères, pendant les

heures de récréation. On pensait avec
raison que ce qui contribue à fortifier
le corps dans la jeunesse a aussi une
heureuse influence sur les facultés de
l'ame.

En 1788, le duc de Chartres fit un
voyage en Normandie. En visitant le
mont Saint-Michel, célèbre par sa
prison d'État, une des plus affreuses
de la France, où des prisonniers par
lettres-de-cachet étaient gardés et
sévèrement traités par des moines, on
montra au jeune prince la fameuse
cage de fer où Louis XIV tint enfermé,
pendant dix-sept ans, un malheureux
gazetier de Hollande dont les articles
lui avaient déplu, et qu'il avait, par
un guet-à-pens, fait enlever au sein
de cette république. Indigné à la vue
de cet instrument d'une torture si
cruellement prolongée, il fit détruire

la cage de fer qui servait encore, de
temps en temps, à tourmenter d'autres
prisonniers.

Par suite de la disgrace dans laquelle était tombé son père à la cour,
le duc de Chartres ne fut nommé chevalier de l'ordre du Saint - Esprit ,
qu'au 1er janvier 1789, c'est - à - dire
un an plus tard que ne l'étaient les
princes du sang. Il aurait bien pu se
passer de cette décoration , qui tomba
bientôt elle-même en désuétude.

C'est pendant cette année que furent
enfin convoqués et réunis ces États-
Généraux qui, depuis deux ans, étaient
promis à la France, et devaient lui assurer de nouvelles destinées. La révolution du 14 juillet vint porter un coup
mortel au pouvoir absolu dans notre
patrie , et l'ébranla dans le reste de
l'univers. Les murs dela Bastille s'é-

croulèrent et la hache sapa l'arbre du
despotisme , qui fut bientôt renversé.
Vainement on a tenté , sous la restauration , de faire repousser sa souche
pourrie , un autre juillet en a vu arracher jusqu'aux dernières racines.
On ne le replantera plus dans l'heureuse France ; son sol ne saurait le
nourrir ni le supporter.

Le nouvel ordre des choses impo-
sait de grands sacrifices à la famille
d'Orléans. On avait porté en triomphe,
au 14 juillet, le buste du duc avec celui de Necker , alors si populaire ;
mais l'abolition des droits féodaux et
la révocation des apanages portèrent
bientôt une rude atteinte à la fortune
du prince, déjà grevée de dettes considérables en rentes perpétuelles et via-
gères. Il n'en resta pas moins fidèle à
la cause de la liberté, et son fils, Louis-

Philippe, embrassa la même cause avec toute la généreuse ardeur d'une bouillante jeunesse et lui dévoua bientôt sa fortune et sa vie.

Il assista quelque temps avec assiduité aux débats de la première assemblée nationale, de cette célèbre constituante, la plus glorieuse réunion de vertus, de talens et de lumières que jamais ait offerte aucun peuple. Il applaudissait, ainsi que toute la France, aux nobles discours de ces orateurs patriotes, surgis comme par enchantement d'un sol jusque-là stérile en de pareils talens, et qui firent briller à la tribune française une éloquence pareille à celle des plus beaux jours de la Grèce et de Rome.

Mais, dès qu'il y fut autorisé par un décret de l'assemblée constituante, le

duc de Chartres s'arracha aux char-
mes de Paris pour voler aux armes et
servir de son bras une patrie qui commençait à sentir aussi le besoin du
courage militaire de ses enfans. Il se
mit à la tête du 14ᵉ régiment de dragons, qui portait le nom de dragons
de Chartres, et dont il était colonel-
propriétaire par brevet daté du 20
novembre 1785. Ce régiment était
alors en garnison à Vendôme, et le
prince arriva dans cette ville le 15
juin 1791. Il se fit accompagner par
M. Alexandre Pieyre, l'estimable auteur de la comedie de l'*École des Pères*,
et de plusieurs autres ouvrages ; homme généralement considéré pour ses
talens et ses vertus, et qui demeura jusqu'à la fin de ses jours attaché à la personne du prince [1].

(1) Il est mort en février 1830.

A Vendôme, il eut le bonheur de sauver par son courage et sa présence d'esprit, en s'exposant lui - même à toute la fureur du peuple ameuté, un de ces malheureux prêtres qui avaient refusé de prêter le serment exigé alors, et qui, environné par la foule, allait être égorgé, lui et son vieux père, pour avoir, disait-on, témoigné son mépris à une procession conduite par un prêtre constitutionnel. Il donna, dans la même ville, quelque temps après, une nouvelle preuve de son courage et de son humanité, en se précipitant, tout habillé, dans la rivière pour arracher des flots un ingénieur qui se noyait[1]. La ville de Vendôme décerna une couronne civique au prince en récompense de ces deux actions ho-

[1] Cet ingénieur se nommait Siret.

norables et courageuses[1]. Un nouveau serment fut exigé à cette époque de tous les officiers de l'armée. Le duc de Chartres le prêta sans hésiter; mais sur les vingt-huit officiers de son régiment, sept seulement suivirent son exemple. Les ennemis de la révolution avaient déjà réussi à gagner un grand nombre d'officiers, supérieurs et subalternes, qui émigrèrent tous depuis, et à semer ainsi des divisions dans presque tous les corps de l'armée. La discipline ne souffrit cependant point encore dans le régiment de Chartres, grace à la sagesse et aux soins concilians de son colonel. Au mois d'août 1791, ce corps

(1) Cette couronne, retrouvée après trente annees, a été offerte à S. A. R. madame la duchesse d'Orléans, qui l'avait placée dans ses appartemens.

quitta Vendôme pour se rendre à Valenciennes, où il passa l'hiver, et où
le duc de Chartres remplit les fonctions
de commandant de place, comme le
plus ancien colonel de la garnison.

La France était déjà menacée de
toutes parts. Les résolutions, prises
par les souverains réunis à Pilnitz, n'a-
vaient point été tenues tellement se-
crètes qu'on ne sût qu'une coalition
formidable se préparait pour attaquer
ce pays et étouffer l'esprit révolutionnaire qui en menaçait tant d'autres.
On résolut de prendre l'initiative, et
Dumouriez, qui venait d'entrer au
ministère, détermina Louis XVI à
venir en personne à l'assemblée législative, le 20 avril 1792, annoncer qu'il
avait déclaré la guerre à l'Autriche.
La frontière de la France, depuis Hu-
ningue jusqu'à Dunkerque, avait été

divisée en trois grands commande-
mens, confiés aux maréchaux Rochambeau, Luckner et au général Lafayette ; le général Biron fut chargé du
corps d'armée qui couvrait Valenciennes et Maubeuge , et qui devait commencer les hostilités. Ce fut sous ses
ordres que Louis-Philippe brava, pour
la première fois, le feu de l'ennemi.
Mais les premières opérations ne tour-
nèrent point à la gloire des soldats
français, qui, novices encore dans une
carrière qu'ils ont parcourue depuis
avec tant d'éclat, furent frappés d'une
terreur panique, crièrent à la trahison,
coururent de Quiévrain à Valenciennes , sans même être poursuivis , et
tuèrent un de leurs chefs pour se venger de leur déroute. Le duc de Chartres contribua à arrêter une partie des
fuyards , et fut nommé , peu de jours

après, maréchal-de-camp (7 mai 1792)
par droit d'ancienneté, sous le ministère du comte de Grave. Il commanda, en cette qualité, une brigade
de dragons sous les ordres du maréchal Luckner, qui était venu remplacer Rochambeau à l'armée du Nord,
et se trouva à la prise de Courtray.
Mais Luckner, ayant ordonné, on
ne sait trop pourquoi, un mouvement rétrograde, on fut obligé d'a-
bandonner cette place, sans avoir tiré
aucun avantage de ce premier succès.
L'armée de Luckner, après cette retraite, fut divisée en deux corps, dont
l'un, commandé par le général d'Harville, marcha vers la Lorraine, tandis
que l'autre, sous les ordres du général
Dumouriez, qui venait de quitter le
ministère, resta en Flandre pour couvrir la frontière. La brigade du duc de

Chartres, composée des 14e et 17e régimens de dragons, fit partie du corps
d'Harville et arriva vers la fin de juillet à Metz, où Luckner vint reprendre
le commandement; mais il fut bientôt remplacé par le général Kellermann, depuis maréchal duc de Valmy.

La France se trouvait, à cette époque, dans la crise la plus effrayante.
Le duc de Brunsvick, à la tête de l'armée de la coalition forte de cent dix
mille hommes, pénétrait sur le territoire et n'avait point encore éprouvé
de résistance. Une terrible catastro-
phe se préparait à Paris. On accusait
hautement la cour, la reine et le roi
même de trahir la cause du peuple,
de s'entendre avec ses frères et avec
les ennemis de la France, et de n'as-
pirer qu'à l'arrivée des étrangers pour
se ressaisir du pouvoir absolu et ren-

verser, avec leur secours, cette constitution qu'il avait acceptée et solennellement juré d'observer. On avait pré-
ludé par la scandaleuse journée du 20
juin à celle du 10 août. La patrie avait
été déclarée en danger, moyen certain d'accroître celui qui n'existait
que trop réellement ; l'insolent manifeste du duc de Brunswick avait porté
au comble l'irritation. Enfin, le 9 août,
le département de Paris, avec le vertueux patriote Larochefoucault-Lian-
court à sa tête, vint dénoncer à l'assemblée législative l'insurrection qui
se préparait et qui en effet éclata le
lendemain. Toute la nuit le tocsin
avait sonné. Les gardes suisses, une
foule de gentilshommes armés, quelques volontaires de la garde nationale et de la garde licenciée étaient
au château des Tuileries pour défen-

dre le trône et le roi. Mais ce prince ne voulut point se défendre lui-même; il refusa de se mettre à la tête des hommes qui se dévouaient pour lui; il quitta son palais, dès le matin, pour aller chercher un asile dans le sein de l'assemblée, où il eut bientôt la douleur d'apprendre que son palais était envahi, que les Suisses et nombre de ses amis étaient égorgés, et que le canon des Marseillais avait renversé le vieux trône de la France.

L'assemblée, dans la stupeur et l'effroi tant que la victoire était indécise, reprit bientôt courage et décréta à une grande majorité la déchéance du roi. L'infortuné Louis XVI fut transféré au Temple, d'où il ne sortit que pour monter à l'échafaud. Les sanglantes et à jamais exécrables journées des 2 et 3 septembre servi-

rent de complément à celle du 10 août.
Des milliers de citoyens, dont les prisons avaient été encombrées, trouvèrent, près du seuil de leurs cachots,
des bourreaux érigés en juges, et furent immolés sans pitié.

Tandis que les Français s'égor-
geaient entre eux et que le sang ruisse-
lait dans les rues de Paris, l'ennemi
s'en approchait. On n'avait encore à lui
opposer que deux faibles armées, dont
l'une de quatorze à quinze mille hommes, sous les ordres de Kellermann,
était campée près de Metz, et l'autre,
forte environ de trente-trois mille
hommes, était réunie près de Sedan,
sous les ordres du général Dumouriez,
qui venait de remplacer Lafayette. Ce
dernier, proscrit à Paris, avait voulu
chercher un asile sur une terre étrangère, mais il fut, comme on sait, en-

levé par les Autrichiens, et, contre le droit des gens, plongé dans les cachots d'une forteresse.

Le duc de Chartres, qui, pendant ces troubles, n'avait point quitté son poste à l'armée, fut nommé lieutenant-général, le 11 septembre 1792, et appelé au commandement de Strasbourg : « Je suis trop jeune, répondit-il au ministre de la guerre, pour m'enfermer dans une place forte, et je demande instamment à rester dans l'armée active ». Il n'alla point à Strasbourg, et Kellermann, dont l'armée venait d'être renforcée par une division de celle du Rhin et qui comptait alors vingt-sept mille hommes, lui confia le commandement de sa seconde ligne, composée de douze bataillons d'infanterie et de six escadrons de cavalerie. L'armée des coalisés était composée de Prussiens, d'Autrichiens, de Hessois, etc., sous les ordres du duc de Brunswick, qui, à cette époque, avait la plus haute réputation militaire et passait pour le premier général de l'univers. Le roi de Prusse était en personne à cette armée, entouré d'un nombreux état-major, en grande partie composé de princes allemands.

Le général Dumouriez, après avoir pris le commandement de l'armée près de Sedan, s'était porté sur l'Argonne, dont les défilés lui paraissaient la ligne de défense la plus efficace pour arrêter la marche rapide de l'ennemi. Ce fut en y prenant position qu'il apprit la perte de Verdun, enlevé par les Prussiens, et qu'il écrivit au conseil exécutif cette courte et remarquable lettre : « Verdun est pris,

« et j'attends les Prussiens. Le camp
« de Grandpré et celui des Islettes
« sont les Thermopyles de la France;
« mais je serai plus heureux que Léo-
« nidas. »

Il le fut en effet; mais il se vit obligé,
pour soutenir le plan de défense qu'il
avait conçu, de lutter constamment
avec le conseil exécutif et même avec
plusieurs de ses généraux, qui consi-
déraient la Marne comme la véritable ligne de défense et s'efforçaient
de lui faire prendre cette timide atti-
tude; en sorte qu'au lieu de presser
la jonction de l'armée de Kellermann
avec la sienne, le conseil exécutif en-
gageait ce général à rester sur la Haute-
Marne, tantôt à Saint-Dizier et tantôt
à Vitry-le-Français. Dumouriez demeura inébranlable dans ses camps
de Grandpré et des Islettes; mais, le

14 septembre, son aile gauche fut attaquée et enfoncée à la Croix-aux-Bois, succès qui ouvrit à l'armée ennemie un débouché dans les plaines de la Champagne, où le duc de Brunswick se jeta aussitôt avec la plus grande partie de ses forces. Dumouriez abandonna alors Grandpré, mais il conserva les Islettes et la Chalade, et se replia sur Sainte-Ménéhould, en prenant ces deux postes importans pour pivot et en faisant un grand quart de conversion en arrière. Par cette nouvelle position, il restait maître de la grande route de Verdun à Châlons, et forçait les Prussiens à établir leur communication par des chemins et dans un pays que la mauvaise saison commençait à rendre presque impraticables.

Ce fut dans cette position que Du-

mouriez pressa de nouveau son col-
lègue Kellermann de se joindre à lui,
et celui-ci s'y décida enfin. Son armée se plaça donc sur la gauche de
celle de Dumouriez, le 19 septembre
au soir, entre Valmy et Dammartin-
la-Planchette. Elle campa sur deux
lignes, la première sous les ordres du lieutenant-général Valence,
la seconde sous ceux du lieutenant-
général duc de Chartres. Cependant
l'armée prussienne, défilant par Grandpré et la Croix-aux-Bois, s'avançait
dans les plaines de la Champagne et
pénétrait jusqu'à la route de Châlons,
en sorte qu'elle s'interposait entre l'armée française et Paris.

Le 20 septembre, avant le jour, les
hussards prussiens de Kœhler surpri-
rent le 1ᵉʳ régiment de dragons qui
occupait un poste important derrière

le camp de Kellermann, et enlevèrent
ce poste ; mais il fut bientôt repris par
les troupes françaises. Vers six heures
et demie, l'avant-garde de Kellermann
fut vivement attaquée ; la générale
battit au camp, et toutes les troupes
se disposèrent au combat. Kellermann plaça sa première ligne sous
les ordres du général Valence, devant Orbeval, entre la rivière d'Auve
et la colline de Valmy, perpendicu-
lairement à la chaussée de Châlons.
La seconde ligne, commandée par le
duc de Chartres, fut placée parallèle-
ment à la chaussée et perpendiculai-
rement à la première, sur la crête de la
colline de Valmy, en sorte que les deux
lignes formaient une équerre. Une
forte batterie de position fut établie au
moulin de Valmy, qui était le point le
plus élevé de ces coteaux. Quelle que

fût la promptitude que mit le prince
à opérer son mouvement, la nécessité
de détendre le camp et de charger les
chevaux de bât lui avait fait perdre
du temps et il était près de huit
heures du matin lorsqu'il arriva au
moulin de Valmy avec la tête de son infanterie. « Arrivez donc, arrivez donc,
« lui cria le brave général Stengel,
« car je ne peux pas quitter ce poste
« avant d'être relevé; et pourtant, si
« je ne devance pas les Prussiens là-
« dessus, ajouta-t-il en montrant la
« côte de l'Hyron, nous serons écra-
« sés ici tout à l'heure. » Aussitôt il
ordonna à son infanterie de le suivre,
partit au grand trot avec quelques escadrons de troupes légères et deux
compagnies d'artillerie à cheval, traversa rapidement le village de Valmy
et le vallon qui le séparait de la côte

de l'Hyron, et y arriva au moment où une colonne prussienne s'avançait pour l'occuper. Stengel repoussa cette colonne, et défendit l'Hyron pendant toute la journée avec la plus grande vigueur.

Dumouriez, voyant que l'attaque se dirigeait sur l'armée de Kellermann, vint le trouver et l'instruisit lui-même des dispositions qu'il avait faites de son côté pour le soutenir. Ces deux généraux commandaient chacun en chef leur armée et étaient indépendans l'un de l'autre, quoique Dumouriez fût plus ancien officier-général que Kellermann. La canonnade, qui avait déjà commencé au moulin de Valmy avant que le prince y eût relevé le général Stengel, devint très vive vers les dix heures. Les Prussiens établirent contre le moulin

5.

deux de leurs principales batteries, qu'ils renforcèrent ensuite successivement. L'une d'elles était sur le prolongement de la colline du moulin, et l'autre sur la colline en face, du côté de la chaussée, devant la cense dite de *la Lune*, que cette journée a rendue célèbre, et où le roi de Prusse établit le lendemain son quartier-général. Les batteries firent un grand ravage dans les rangs de l'armée française; le cheval du général Kellermann fut tué sous lui, le général d'artillerie Sénarmont reçut une blessure grave, le colonel Lormier, des grenadiers volontaires, et une foule d'autres braves furent tués; mais les troupes soutinrent avec intrépidité le feu meurtrier des Prussiens. Il n'y eut qu'un instant de désordre dans deux bataillons de la division commandée par le duc de Chartres, au milieu desquels un obus fit sauter deux caissons remplis de cartouches. Cette violente explosion, qui tua beaucoup de monde, les dispersa momentanément; mais ils se rallièrent bientôt, malgré le feu auquel ils étaient exposés, et reprirent immédiatement leur place dans la ligne. L'ardeur des troupes était telle, pendant la bataille de Valmy, que tous les cavaliers, carabiniers et dragons dont les chevaux avaient été tués ou blessés, couraient aussitôt, la carabine sur l'épaule, se placer dans les rangs de l'infanterie. Il n'y avait à cette bataille qu'un seul bataillon de volontaires nationaux dans la division que commandait le prince. C'était le premier bataillon envoyé par le département de Saône-et-Loire. Il était animé d'un si bon esprit et

d'une telle émulation avec les troupes
de ligne, que les soldats, commandés
le matin pour la garde des équipages,
refusèrent de faire ce service, et que
le chef du bataillon n'en trouva point
qui voulussent les remplacer. Lorsqu'on en rendit compte au duc de
Chartres devant le front du corps, un
soldat sortit des rangs et lui dit, au
nom de ses camarades : « Mon géné-
« ral, nous sommes ici pour défendre
« la patrie, et nous vous demandons
« de ne pas exiger qu'aucun de nous
« quitte le drapeau de notre bataillon
« pour aller garder les équipages. —
« Eh bien ! mon camarade, lui répon-
« dit le prince, je ne l'exigerai point ;
« vos équipages se garderont tout seuls
« aujourd'hui, et votre bataillon com-
« battra tout entier avec vos cama-
« rades de la ligne, auxquels vous

« montrerez que vous êtes, aussi bien
« qu'eux, des soldats français. »

Vers onze heures, l'épais brouillard,
qui avait régné toute la matinée, se
dissipa ; l'on découvrit alors l'armée
ennemie qui s'avançait dans le plus
grand ordre sur plusieurs colonnes, et
qui se déploya avec autant de précision qu'elle aurait pu le faire sur une
esplanade , dans la grande plaine qui
s'étend de Somme - Bionne vers la
Chapelle-sur-Auve. L'œil pouvait alors
embrasser à la fois plus de cent mille
combattans ; ce spectacle était d'autant plus imposant qu'on n'était point
encore habitué à voir des armées aussi
nombreuses que celles qu'on a vues
depuis, et, à cette époque, il y avait
trente ans que l'Europe n'avait mis
sur pied une aussi grande réunion de
troupes.

Le déploiement de l'armée ennemie fut très lent, et ce ne fut que vers les deux heures de l'après-midi, quelque temps après qu'il eût été complètement achevé, qu'on la vit se rompre en colonnes d'attaque. Les cris de *vive la nation ! vive la France !* se firent aussitôt entendre dans tous les rangs de l'armée française. Mais, soit que la belle contenance des troupes ait fait pressentir au duc de Brunswick qu'il éprouverait une résistance à laquelle il avait été loin de s'attendre, soit, ce qui était assez probable, qu'il ait voulu attendre le corps du général Clair-fayt, qui n'arriva que dans la nuit, les colonnes prussiennes se formèrent et se déployèrent trois fois successivement sans oser aborder les positions françaises de plus près. La canonnade n'en dura pas moins sans inter-

ruption jusqu'à ce que l'obscurité de
la nuit rendît impossible de la continuer davantage. Les officiers d'artillerie évaluèrent le nombre de coups
de canon, tirés par les deux armées, à
plus de quarante mille, et les muni-
tions du parc d'artillerie de l'armée
de Kellermann furent presque entièrement épuisées.

Le succès de cette mémorable journée fut tout entier pour la petite armée française. Le but que les chefs
s'étaient proposé fut atteint, celui
d'empêcher l'ennemi de pénétrer plus
avant, tandis qu'avec ses forces si supérieures il avait espéré arriver, sans
éprouver de grands obstacles, à Paris,
où le duc de Brunswick avait annoncé,
par son manifeste, qu'il ne laisserait
pas pierre sur pierre[1]. Il en fut tout

(1) Le petit nombre de troupes qu'on put

autrement. Valmy décida le roi de
Prusse et le duc de Brunswick à demander immédiatement un armistice
aux généraux français, et cette sus-
pension d'armes accordée aux Prussiens fut bientôt suivie par eux de l'é-
vacuation totale du territoire français,
et de l'abandon d'une entreprise dans
laquelle ils s'étaient si imprudemment

d'abord opposer aux coalisés entretint pendant quelque temps cet espoir; cependant
la proclamation du danger de la patrie avait
fait partir de tous côtés des bataillons de volontaires et de fédérés, qui arrivaient à marches forcées pour s'opposer aux progrès des
étrangers. En trois jours, la ville de Paris à
elle seule avait mis sur pied, armé, équipé
et envoyé à l'armée quarante-huit bataillons
d'infanterie, formant trente-deux mille hommes effectifs. Mais ces troupes, plus arden-
tes qu'aguerries et disciplinées, étaient presque toutes retenues à Châlons-sur-Marne par
des ordres que dictait la crainte qu'elles ne

engagés. Mais il restait encore des Autrichiens à vaincre.

Six jours après la victoire de Valmy, le conseil exécutif, pour récom-
penser sans doute le duc de Chartres,
qui avait si puissamment contribué à
ce premier succès de nos armes, le
nomina au commandement en second
des troupes de nouvelles levées, que

devinssent nuisibles au bon ordre des armées
agissantes. Luckner, alors décoré du vain
titre de généralissime, était chargé du commandement de cette grande réserve; mais
le roi de Prusse et le duc de Brunswick furent bientôt informés qu'elle s'y trouvait;
que toutes les routes de la France se cou-
vraient de jeunes gens pleins d'enthousiasme
qui accouraient d'eux-mêmes aux frontières,
et cette certitude entra probablement pour
beaucoup dans la résolution des Prussiens de
cesser une lutte qui ne leur présentait plus
de chances de succès.

le général Labourdonnaye était alors
chargé de réunir à Douai. Mais le
prince ne fut pas plus séduit par cette
nomination qu'il ne l'avait été par
celle au commandement de Strasbourg, et il se rendit à Paris pour demander à rester dans la ligne et dans
l'armée de Kellermann. Cependant,
comme il avait déjà été remplacé dans
celle-ci, il accepta de passer à l'armée du général Dumouriez, qui allait
se porter sur la Flandre et tenter la
conquête de la Belgique.

Cette armée, après avoir suivi et
pour ainsi dire escorté amicalement
l'armée prussienne dans sa retraite
hors de France, revint à grandes journées sur Valenciennes. Le général Dumouriez l'y rejoignit et la trouva dans
un état de dénuement presque absolu,
manquant de chaussures et de vête-

mens, mais pleine d'ardeur. Elle se composait de quarante-huit bataillons d'infanterie, dont le tiers environ était d'anciennes troupes de ligne et le reste de volontaires nationaux. Il n'y avait d'autre cavalerie que des hussards et des chasseurs, qui formaient l'avant-garde avec quelques bataillons d'infanterie légère sous les ordres des généraux Beurnonville et Dampierre; plus, deux petits corps de flanqueurs de droite et de gauche, commandés par les généraux Stengel et Frégeville. Dumouriez partagea son corps d'armée en deux ailes de vingt-quatre bataillons chacune. La droite était sous les ordres du lieutenant-général duc de Chartres, ayant sous lui les maréchaux-de-camp Desforêts, Drouet et Stetenhoff. La gauche devait être sous les ordres du lieutenant-général Miranda et des maréchaux-de-camp Ferrand, Blottefière et Berneron ; mais Miranda, n'étant pas encore revenu de Paris, le général Ferrand eut le commandement de cette aile. Ces différens corps formaient un total d'environ vingt-sept mille hommes, non compris la division du lieutenant-général d'Harville, campée sous Maubeuge et forte de six mille hommes, mais qui ne rejoignit qu'après le gain de la bataille de Jemmapes. L'armée autrichienne, qu'on avait en tête, était forte de vingt-deux mille hommes de vieilles troupes bien disciplinées, commandés par le général Clairfayt, qui avait une haute réputation militaire, mais qui était lui-même alors sous les ordres du duc Albert de Saxe-Teschen, gouverneur des Pays-Bas autrichiens.

L'impatience française n'attendit pas ce que la prudence eût peut-être paru exiger. Un petit combat fut légèrement engagé, le 2 novembre, près du village de Thulin; mais il décida Dumouriez à renforcer son avant-garde d'une partie de la division du duc de Chartres, qui, opérant sur la droite, attaqua l'ennemi le 3, emporta la forte position du moulin de Boussu avec la batterie qui le défendait, tandis que les généraux Dampierre, Stengel et Frégeville délogeaient les Autrichiens de poste en poste et les repoussaient jusqu'à Saint-Ghislain. Le 4, Dumouriez, pour profiter de ces avantages, mit toute son armée en mouvement; le 5, elle bivouaqua en face du camp des Autrichiens, qui s'étaient fortement retranchés sur les hauteurs de Jemmapes. Le 6 novembre au matin, Dumouriez fit avancer douze pièces de siége , douze pièces de douze et douze obusiers, sous les ordres du colonel d'artillerie Labayette, et les plaça en batterie sur le front de sa ligne , en même temps que son aile gauche attaquait le village de Quarégnon , vivement défendu par les Autrichiens. L'avant-garde française fit alors un mouvement pour se mettre en ligne, de sorte qu'elle devint l'aile droite, et que l'aile droite, commandée par le duc de Chartres, en devint le centre. La position des Autrichiens était formidable ; leur droite, appuyée au moulin de Jemmapes, formait une équerre avec leur front, et leur gauche se prolongeait sur la hauteur jusqu'à l'endroit où le terrain commence à baisser vers Berthaiment. Ils occupaient ainsi une colline garnie de redoutes et de batteries, et dont le front

était en outre couvert par des bois dans
lesquels ils avaient fait quelques abattis.

Dumouriez avait fixé l'heure de l'attaque à midi, afin de donner à la division du général d'Harville le temps
d'arriver. Mais, après une canonnade
de trois heures, voyant que le régiment
autrichien des dragons de Cobourg
descendait au grand trot et paraissait
se diriger sur notre artillerie, il résolut
de ne pas attendre le général d'Harville,
et donna l'ordre à toute l'armée d'attaquer immédiatement. Aussitôt le duc
de Chartres, qui commandait le centre,
rompit sa division en colonnes de bataillon, et marcha sur le bois de Flénu,
qui couvrait le centre des Autrichiens.
Il mit six de ses bataillons en réserve,
et avec les dix-huit autres il culbuta
l'infanterie légère autrichienne qui dé-

fendait les abattis, traversa le bois et arriva sur le plateau. Mais l'infanterie ennemie, soutenue par l'artillerie des redoutes qui tirait à mitraille, fit un tel ravage dans la tête des colonnes qu'il devint impossible de les faire déboucher. Elles rentrèrent dans le bois et le traversèrent dans le plus grand désordre. C'est là que furent frappés le colonel Dubouret du 104ᵉ régiment de ligne, tué sur la place, le général Drouet qui eut les deux jambes emportées et mourut peu d'heures après. Les adjudans-généraux Dupont-Chaumont et Gustave Montjoie reçurent des coups de feu. Tout était perdu si les Autrichiens avaient su profiter de cet avantage momentané; mais leur infanterie resta immobile, et ils se contentèrent de lancer quelques hussards et quelques chasseurs à pied,

qui ne parvinrent pas à traverser le
bois. Tandis que ces troupes ennemies
étaient contenues par la résistance
des deux bataillons du 83ᵉ, commandés par le colonel Champollon et le
lieutenant-colonel Villars, du bataillon
du 98ᵉ et du 29ᵉ, sous les ordres des
colonels Leclerc et Laroque, le duc
de Chartres, formant, derrière le bois,
une chaîne de chasseurs à cheval pour
arrêter les fuyards, parvint enfin à les
rallier. Ce fut alors que, leur adres-
sant quelques-unes de ces paroles si
puissantes sur le cœur du soldat, il
fit succéder l'enthousiasme à la terreur. Les bataillons s'étaient mêlés ;
il en fit une colonne à laquelle il donna
le nom de *bataillon de Mons*, y plaça
les cinq drapeaux que les fuyards
avaient abandonnés [1], et, renforcé des

(1) Ces cinq drapeaux avaient été recueil-

six bataillons qu'il avait mis en réserve à l'entrée du bois, il fit de nouveau battre la charge. Ces mêmes
soldats, que la frayeur venait d'emporter un moment loin du champ
d'honneur, attaquent avec intrépidité
l'infanterie autrichienne qui remplis-
sait l'intervalle des redoutes, y pénè-
trent la baïonnette en avant, et s'em-
parent d'une partie de l'artillerie ennemie, que la cavalerie autrichienne
s'efforçait vainement de faire rentrer
dans Mons. Dès ce moment, la victoire n'est plus douteuse ; des prodiges
de valeur sont faits dans nos rangs :
à l'aile gauche, par le colonel Thou-
venot et le général Ferrand, qui eut

lis par le général Desforêts qui, après les avoir
long-temps tenus embrassés, les porta en fais-
ceau, malgré leur poids, au centre de la colonne.

un cheval tué sous lui; à l'aile droite,
par les généraux Beurnonville et
Dampierre, les colonels Desponchez,
d'Armenonville, Bonnet et les bataillons de Paris; Dumouriez charge lui-
même à la tête d'un escadron; partout enfin les soldats français prodi-
guent leur sang et multiplient leurs
hauts faits d'armes. L'ennemi, chassé
de toutes ses positions, fuit en laissant
le champ de Jemmapes couvert de ses
morts et de ses canons [1].

A cette bataille se distinguèrent déjà
plusieurs guerriers, la plupart bien
jeunes alors, mais qui ont pris depuis
un si brillant essor dans la carrière,
et dont la victoire a inscrit les noms

(1) Tous ces détails sur les batailles de
Valmy et de Jemmapes ont été donnés par
un militaire qui a lui-même eu part à ces
glorieuses journées.

sur les murs de toutes les capitales de
l'Europe. Là étaient Davoust, Macdonald, Mortier, Moreau, Serrurier,
Jourdan, Augereau, Maison, Gérard,
Foy, et tant d'autres, parmi lesquels
se trouvaient même deux jeunes ama-
zones, les demoiselles Fernig [1].

Après cette victoire éclatante, si
glorieuse pour une armée presque en
entier composée de jeunes gens mal
équipés, qui n'avaient jamais été au

[1] Ces demoiselles demeuraient à Mor-
tagne avec leur père, dont les propriétés
étaient sans cesse en butte aux déprédations
des maraudeurs autrichiens. Il avait appris
à ses filles à faire le coup de fusil. Lors de la
formation du camp de Maulde, deux d'entre
elles s'attachèrent à la fortune du général
Dumouriez et combattirent bravement à ses
côtés. La troisième, qui a épousé depuis le
général Guilleminot, était seule restée dans
la maison paternelle.

feu, excepté les combattans de Valmy,
il fallut deux jours pour rétablir l'ordre
au milieu de l'inconcevable confusion
que le succès même avait jetée parmi
tous les corps. Mais, après ce délai, on
se mit à la poursuite des Autrichiens.
Les Français les rejoignirent à Ander-
lecht le 13 novembre, les combattirent encore le 19 à Tirlemont, le 27 à
Vavroux, et entrèrent en triomphe, le
28, dans la ville de Liége, où ils furent
reçus avec des transports de joie par
les habitans.

Ainsi finit cette première campagne
si honorable pour l'armée française,
pour les généraux Dumouriez, Kellermann et le duc de Chartres, à qui
était dû en très grande partie la victoire de Jemmapes. Les troupes furent ensuite cantonnées et prirent
leurs quartiers d'hiver.

Le duc fut appelé à Paris par son père pour s'occuper du sort de sa sœur, qui, par suite de la prolongation du voyage qu'elle avait entrepris avec Mme de Genlis en Angleterre, se trouvait comprise dans une des catégories des lois sur l'émigration. Le duc d'Orléans avait donc écrit à son fils de venir chercher sa sœur et de la conduire en Belgique, ce qu'il fit; il établit la princesse Adélaïde à Tournay, et y séjourna quelques semaines avec elle. Tous deux étaient destinés à ne plus revoir leur père. Depuis longtemps ce prince infortuné était abreuvé de chagrins; mais il est nécessaire de reprendre ici les événemens de plus haut. Le sort du père a eu une trop grande influence sur les destinées du fils pour que leurs histoires puissent être entièrement séparées. Député aux états-généraux et élu à la fois à Paris, à Villers-Cotterets, et à Crepy-en-Valois, le duc d'Orléans avait accepté cette dernière députation de préférence aux deux autres, parce que les cahiers de ce bailliage, ou instructions données aux députés par leurs commettans, lui paraissaient plus conformes au vœu national. On l'accusa bientôt de les avoir dictées lui-même, non-seulement au bailliage de Crepy, mais partout dans le royaume, où à peu près les mêmes griefs étaient énoncés et les mêmes demandes formées; comme si la volonté d'un seul homme, qui n'était dépositaire d'aucune autorité, pouvait communiquer comme par enchantement, au même jour, à la même heure, cet élan unanime. Il résista, dans la chambre de la noblesse, aux prétentions de la majorité, vota pour que les pouvoirs des trois ordres fussent vérifiés en commun, et que les votes fussent comptés par tête et non par ordre. Il fut enfin du nombre des quarante-sept députés patriotes de l'ordre de la noblesse qui se réunirent au tiers-état, déjà constitué en *assemblée nationale*. Dès lors, tous les ennemis de la liberté accusèrent le duc d'Orléans de vouloir renverser Louis XVI du trône pour se mettre à sa place ; de s'être fait chef d'un parti puissant et d'employer son immense fortune à tout bouleverser. Quand la révolution éclata au 14 juillet et qu'on porta le buste du duc en triomphe, ses ennemis lui firent un crime de sa popularité. C'était son argent qui soudoyait le peuple de Paris, qui faisait révolter le régiment des gardes françaises ; tout enfin se faisait par lui ou pour lui. Le duc dédaigna ces calomnies, et, sans se laisser intimider par les menaces de vengeance qu'on lui adressait sans cesse, continua à défendre avec fermeté la cause qu'il avait embrassée. Élu le 5 juillet président de l'assemblée nationale, il refusa cette fonction si recherchée, et qu'un prince, chef de parti, ou qui eût songé à le devenir, aurait acceptée avec empressement. Il se conduisit avec la même mesure à l'époque de la fuite du roi et de la famille royale, le 21 juin 1791. Loin de chercher à profiter de cette circonstance pour s'emparer du pouvoir, ni lui, ni aucun de ceux qu'on accusait de former son parti et de vouloir le porter au trône, ne firent la moindre démarche qui pût indiquer cette intention. Il déclara, au contraire, publiquement qu'il n'accepterait ni la

régence, ni aucune place qui le met-
trait à la tête du gouvernement. Il
continua à siéger dans l'assemblée nationale constituante jusqu'à l'époque
de sa dissolution, le 30 septembre
1791. Après la journée du 10 août
1792, quand les armées coalisées en-
vahissaient la France et menaçaient
d'anéantir l'indépendance du pays,
le parti le plus exalté, qui prit bientôt le nom de parti de la Montagne,
et qui disposait déjà des élections de
Paris, se détermina à faire élire le duc
d'Orléans député de cette ville à la
convention nationale; mais il se présenta une difficulté d'un genre fort
singulier. On lui reconnut bien toutes
les qualités requises pour être admis
comme *électeur* et comme *éligible*,
mais on prétendit qu'on ne savait comment l'inscrire sur les registres, at-

tendu qu'on ne lui connaissait plus de
nom. En effet, selon les lois du moment, il n'en avait plus ; celui d'Orléans, qui provenait d'un duché, ne
convenait pas, d'après les décrets de
l'assemblée constituante qui avait in-
terdit les noms de terre, par suite de
l'abolition de la féodalité, et il n'existait pas de nom de famille dans la maison royale, puisque son avénement
au trône de France remontait à l'époque où il n'y avait que des noms per-
sonnels. On lui dit cependant que
la loi prescrivait à ceux qui, comme
lui, ne savaient quel nom prendre,
de s'adresser à la municipalité du lieu
qu'ils habitaient, afin qu'elle leur en
donnât un ; en conséquence il se décida à s'adresser à la commune de
Paris, qui s'empressa de lui décer-
ner pour nom de famille celui d'*Éga-*

lité, qu'il lui fallut bien adopter ; c'eût été courir à une mort certaine à cette époque que de le refuser ; il eut donc le malheur d'être élu à la convention nationale par l'influence des Montagnards, qui crurent avoir besoin de lui pendant quelque temps encore ; mais il fut nommé le dernier des députés de la ville de Paris, afin de mieux constater le nivellement des conditions, et sous le nom de *Louis-Philippe-Joseph Égalité*. On savait bien qu'il n'avait pas choisi le dernier de ces noms, et comment il avait été forcé de l'accepter ; mais ses ennemis ne cherchèrent pas moins à lui en faire un crime. Tant qu'il siégea dans cette assemblée, il vota avec ceux qui l'avaient fait élire, et il devint l'objet des violentes attaques du côté droit et des Girondins, qui avaient sans cesse à la bouche le fameux cri d'ordre de *faction d'Orléans*, dont les divers partis se servaient tour à tour contre leurs adversaires. Ce fut cependant comme complice des Girondins qu'il fut condamné depuis par ces mêmes montagnards, jaloux de prouver ainsi qu'ils n'étaient pas de cette faction. Mais ils n'abandonnèrent le malheureux prince qu'après l'avoir entraîné à voter encore avec eux dans le procès du roi. Ils y mirent la plus grande importance ; séductions, prières, menaces, rien ne fut épargné. Il eût été à désirer pour la gloire du prince qu'il fût resté inébranlable dans son premier projet de se récuser comme étant proche parent du roi ; mais sa funeste destinée l'emporta, et le vote qui lui fut arraché [1] ne servit

(1) Le vote du duc d'Orléans n'eut au reste

pas même à sauver sa propre vie. Le duc de Chartres, alors à l'armée, fut inconsolable, en apprenant que son père avait ainsi voté, et lui en exprima, dans ses lettres, sa vive douleur. Quelque temps auparavant (16 dé-

aucune influence sur le sort du roi, dont la mort était depuis long-temps décidée par la majorité de la Convention. Les Girondins voulurent, il est vrai, le sauver, et cependant plusieurs d'entre eux votèrent eux-mêmes la mort. Le vertueux Malesherbes fit en vain entendre l'éloquence de l'amitié en faveur d'un roi qui se repentait de n'avoir pas suivi ses patriotiques conseils ; l'éloquent Vergniaux fit aussi d'inutiles efforts pour lui sauver au moins la vie. La culpabilité fut d'abord déclarée à la presque unanimité ; un tiers voulut l'appel au peuple : 387 votans opinèrent pour la mort, 334 seulement demandèrent ou le bannissement ou la détention, ou la mort, mais avec un sursis formel. On voit donc qu'un seul vote, de quelque côté

cembre 1792), lorsque les Girondins parvinrent par surprise à faire rendre un décret qui bannissait du territoire français tous les membres de la maison de Bourbon qui s'y trouvaient encore, décret qui à la vérité fut rapporté deux

qu'il vint, ne pouvait pas entraîner la balance.

Deux princes bons et vertueux, doués des qualités qui font estimer l'homme privé, Charles Ier et Louis XVI, périrent sur l'échafaud ; tous deux eurent le malheur de placer leur confiance en des hommes bien mal habiles, s'ils n'étaient pas bien pervers. Les conseillers qui entourèrent Louis XVI ne l'entretenaient que des moyens de reconquérir le pouvoir dont il avait hérité de ses pères et dont rien, selon eux, ne devait le priver. Leurs manœuvres maladroites ne donnèrent que trop de prises à ses ennemis. En lisant les Mémoires de Mme de Larochejacquelin, ouvrage qui a du moins le mérite d'exprimer franchement les espérances de son parti ;

jours après par l'influence de la Montagne , le duc de Chartres avait déjà
écrit à son père pour l'engager à profiter de ce décret et à se retirer avec
tous les siens aux États-Unis de l'A-
mérique, seul pays au monde qui leur
offrît alors un asile tranquille. Malheu-

on voit que jusqu'au 10 août on s'occupait
constamment, au château des Tuileries , de
projets de contre-révolution, projets dont les
sermens prêtés à la constitution n'auraient
pas empêché l'exécution en temps oppor-
tuns. Mais si l'on manquait de bonne foi à la
cour , la personne du monarque n'en devait
pas moins rester sacrée. L'exemple de l'Angleterre fut même perdu pour ses juges. Les
malheurs des personnes d'un rang si élevé
produisent bientôt sur le peuple une impression profonde. De terribles réactions s'en-
suivent. La mort du roi et celle de la reine
ont excité plus de haines et de projets de
vengeance que les massacres de septembre
et de la terreur.

reusement son éloignement de Paris
rendit nuls les efforts qu'il fit pour dé-
terminer le duc d'Orléans à se retirer
de la Convention et à quitter la France,
seul moyen de sortir avec sa famille
des embarras d'une position qui devenait tous les jours plus cruelle. Que
de malheurs eussent été épargnés à
cette famille, si ce conseil avait été
suivi! Le jeune duc adressa aussi une
lettre dans le même sens au président
de la Convention nationale, mais qui
fut supprimée, parce qu'elle n'arriva
à Paris qu'après la révocation du décret. Cette lettre fut connue cependant des chefs de la Montagne, et
acheva de les indisposer contre le duc
de Chartres, en leur prouvant que ses
opinions personnelles n'étaient nullement conformes aux leurs. Il avait
d'ailleurs, à l'armée, manifesté sou-

vent avec plus de franchise que de
prudence l'horreur que lui inspiraient
les excès révolutionnaires qui se com-
mettaient à Paris.

Au mois de février 1793, il avait été
rappelé à l'armée pour être employé
sous les ordres du général Miranda,
qui faisait alors le siége de Maëstricht ;
mais ce siége fut bientôt levé. Le
prince de Saxe-Cobourg, à la tête
d'une nombreuse armée autrichienne,
venait, le 1ᵉʳ mars, de violer le territoire neutre du Palatinat ; il traversa
Juliers et força le général Lanoue, qui
commandait les troupes françaises sur
la Roër, à évacuer Aix-la-Chapelle et
à se replier sur Liége. L'armée devant
Maëstricht fut à son tour obligée de se
replier ; mais, réunie au corps de Lanoue, elle prit une position encore formidable devant Louvain. Le général

Dumouriez, qui venait de remporter de brillans succès en Hollande, se hâta d'accourir pour réparer cet échec. Dès son arrivée, le 15 mars, il reprit l'offensive et fit rétrograder l'avant-garde autrichienne de Tirlemont jusque derrière la Gette. Ce fut là son dernier succès; il voulut en profiter et livra, le 18, la bataille de Nerwinde, où la fortune trahit ses espérances et lui en fit malheureusement concevoir d'un tout autre genre, qui eurent des suites encore plus funestes.

Le duc de Chartres commandait le centre de l'armée, composé de deux divisions sous les ordres des généraux Dietman et Dampierre. Il devait soutenir l'attaque dirigée d'abord sur le village de Nerwinde, pendant que l'aile droite enlèverait ceux de d'Oberwinde et de Middelwinde et que l'aile gauche attaquerait l'aile droite des Autrichiens, en se prolongeant jusqu'au poste de Léau. Le village de Nerwinde fut emporté par une division du général Valence qui commandait la droite de l'armée; mais cette division, attaquée par des forces très supérieures, fut bientôt forcée de l'évacuer. Le duc de Chartres, à la tête de seize bataillons d'infanterie, s'y porta avec impétuosité et l'emporta de nouveau, en repoussant les Autrichiens de haie en haie, lorsque la vue des renforts considérables qui arrivaient de leur aile droite répandit une terreur panique dans quelques bataillons de nouvelle levée. Les funestes cris de *sauve qui peut* se firent bientôt entendre, et tous les efforts du général ne purent arrêter le désordre toujours croissant; il fallut encore évacuer Nerwinde. Heureusement, le feu bien soutenu de quelques anciens bataillons, qui tinrent ferme sur la place du village, arrêta assez long-temps les Autrichiens arrivant en force, pour les empêcher de poursuivre la masse des fuyards, qui en sortaient dans la plus grande confusion.

L'aile gauche de l'armée française, commandée par le général Miranda, avait été enfoncée et totalement dispersée par l'aile droite des Autrichiens, ce qui leur permit de porter des forces si supérieures contre le centre commandé par le duc de Chartres. Les ponts sur la Gette avaient même été abandonnés par les troupes de Miranda, et si l'ennemi avait su y passer pendant la nuit, il aurait pu couper toute retraite à l'armée fran-

çaise. Celle-ci bivouaqua cependant
sur le champ de bataille jusqu'à la
pointe du jour, et ce ne fut qu'alors
qu'elle opéra sa retraite. Le duc de
Chartres fit son mouvement rétrograde en bon ordre et en même temps
que le général Leveneur, qui avait pris
le commandement de l'aile droite où
le général Valence avait été blessé. Le
prince regagna Tirlemont, et ses
troupes firent si belle contenance que
les Autrichiens ne purent les enta-
mer. Entré dans cette ville, il en fit
fermer les portes, garnit les remparts,
et prit de si bonnes dispositions qu'il
suspendit la marche victorieuse de
l'ennemi.

Mais, pendant ce temps, Dumouriez négociait avec les Autrichiens. Il
avait formé le projet de dissoudre la
Convention par la force des armes et

de rétablir la royauté constitutionnelle en France. Malheureusement
pour lui il fallait à la réussite de ses
vastes desseins un double concours,
celui de son armée et celui de l'ennemi.
Les soldats français ne voulurent
point prendre pour alliés ceux qu'ils
venaient de combattre, et les Autrichiens, voyant que le pouvoir du général français sur son armée se bor-
nait à se faire accompagner dans leur
camp par quelques escadrons de hussards, rompirent bientôt une négocia-
tion qui présentait si peu de chances
de succès. L'entreprise ayant totalement échouée, Dumouriez trouva son
salut dans la fuite ; mais il causa le
malheur, non-seulement des compli-
ces de ses projets, mais aussi de ceux
qui passaient pour être ses amis ou
qui avaient eu des relations intimes

avec lui. Toute la famille d'Orléans fut de ce nombre. Le duc de Chartres, entièrement étranger à tous ces pourparlers entre les Autrichiens et Dumouriez, n'en fut pas moins enveloppé dans la proscription de ce dernier.

Dès les premiers jours du mois d'avril 1793, le comité de la Convention, dit de *sûreté générale*, décerna des mandats d'arrêt contre le duc de Chartres et son frère le duc de Montpensier. Ce dernier servait alors à l'armée du Var. Cette mesure fut bientôt suivie de l'arrestation de leur père et de celle de tous les membres de sa famille qui n'avaient pas quitté la France. Le duc d'Orléans fut arrêté au Palais-Royal le 4 avril, avec son troisième fils, le duc de Beaujolais, âgé seulement de treize ans et demi,

Le duc de Montpensier fut arrêté à
Nice ; mais le duc de Chartres, instruit du sort qu'on lui préparait par
Dumouriez, qui lui fit passer l'original du décret rendu contre lui, quitta
l'armée le 5 avril et s'éloigna, l'ame
navrée de douleur, d'une patrie qu'il
chérissait et qu'il avait si courageusement servie.

Le duc d'Orléans fut d'abord conduit à la mairie de Paris, d'où il réclama vainement auprès de la Convention l'inviolabilité de sa personne
en sa qualité de député, faisant observer qu'il ne pouvait être arrêté
qu'en vertu d'un décret d'accusation
rendu par la Convention elle-même,
et qu'un pareil décret n'existait pas.
L'assemblée ne répondit à cette réclamation, si bien fondée, qu'en passant
à l'ordre du jour, et les deux princes

furent emprisonnés à l'Abbaye. Ils n'y restèrent que peu de temps ; un décret de la Convention ordonna leur translation et celle de tous les membres de leur famille dans les forts et châteaux de Marseille, où ils furent immédiatement conduits. Tous les biens de la famille furent séquestres, et les rigueurs de leurs infâmes geôliers mirent bientôt le comble à ces injustices. Le duc d'Orléans fut d'abord enfermé dans le fort Notre-Dame ; on le transféra ensuite au fort Saint-Jean dans un des cachots de la tour où il resta avec son plus jeune fils. Le duc de Montpensier fut mis dans un autre cachot de la même tour, et, quoique si près les uns des autres, toute communication leur fut interdite. Ils ne pouvaient même, dans ce climat brûlant, obtenir la permission d'aller respirer l'air quelques instans au sommet de la tour[1]. Plusieurs mois se passèrent ainsi; quand le soin de garder ou plutôt de tourmenter les malheureux captifs fut ôté

[1] On empêchait même le duc de Montpensier, lorsqu'on ouvrait la porte de son cachot, de s'en approcher pour respirer l'air de l'escalier. Un matin seulement, est-il dit dans ses Mémoires, après lui avoir apporté son déjeuner, on lui permit de rester un moment sur le pas de la porte : il entendit la voix de son père, qui n'était séparé de l'escalier que par une grille ; c'était la première fois depuis long-temps. Il demandait à la sentinelle quelle heure il était ; le duc de Montpensier s'empressa de lui crier : « Il est neuf heures... Bonjour, mon père, comment vous trouvez-vous ? — Ah ! Montpensier, lui répondit-il aussitôt, que je suis aise d'entendre ta voix !... Ma santé n'est pas très bonne, mon pauvre enfant ; mais si je te voyais, cela me ferait du bien. » On referma sur-le-champ la porte des prisonniers.

à la municipalité terroriste de Marseille, ils obtinrent cependant des militaires, à qui leur garde fut alors con-
fiée, quelques adoucissemens à leur
triste sort [1].

Après plus de six mois d'une cruelle
attente, et lorsque le duc d'Orléans
pouvait croire qu'il était oublié dans

(1) Les sbires de l'autorité civile, à Marseille comme ailleurs, furent impitoyables.
L'ame des familiers de l'inquisition revit dans
tous ces agens de police subalterne : c'est une
grace d'état, comme la générosité chez les
militaires. Un sergent de l'armée de Cartaux,
de garde près des jeunes ducs de Montpensier et de Beaujolais, leur permit de dîner
ensemble ; un officier du bataillon de la Côte-
d'Or, nommé Cotin, leur dit : « Venez, ci-
« toyens, venez respirer l'air ; il est trop cruel
« de vous étouffer de la sorte : je le prends
« sur moi ; on m'en punira si on le juge à
« propos. » C'était pendant le règne de la
terreur.

son cachot, on l'en fit sortir tout à
coup ; mais c'était pour le conduire à
l'échafaud. Ses deux jeunes fils resté-
rent encore trois ans et demi dans le
fort Saint-Jean.

Le 3 octobre, le député Amar fit à
la Convention nationale, au nom du
comité de sûreté générale, un rapport
sur la prétendue conspiration des Girondins, à la suite duquel il proposa
que quarante-cinq députés fussent
mis en accusation et immédiatement
jugés par le tribunal révolutionnaire ;
cette proposition fut aussitôt décrétée
avec un petit amendement du député
de Paris, Billaud de Varennes, portant, sans rien motiver, que le nom
du duc d'Orléans serait ajouté à la liste
des députés qui devaient être jugés
par le tribunal révolutionnaire. On
savait bien que ce malheureux prince

n'avait jamais appartenu au parti des Girondins qu'on voulait immoler; mais la terreur était déjà si grande à cette époque que pas une voix ne s'éleva pour s'opposer à cette addition, ni même pour en demander les motifs.

Des commissaires furent aussitôt envoyés à Marseille pour y prendre le duc d'Orléans et le conduire à Paris. Ils cherchèrent d'abord à le rassurer en lui disant qu'on ne l'y demandait que pour en obtenir quelques renseignemens devenus nécessaires, et que l'ordre de le ramener dans la capitale avait sans doute été donné dans l'intention de mettre un terme à sa captivité. Après quelques interrogatoires de simple forme, le duc put en effet croire, qu'après de si longues iniquités, on en était enfin revenu à de meilleurs sentimens envers lui. Le 23 oc-

tobre 1793, il entra dans la prison de
son fils le duc de Montpensier : « Je
« viens, mon cher fils, lui dit-il,
« pour t'embrasser et te dire adieu,
« car je vais partir. Je voulais m'é-
« loigner sans te le dire ; mais je n'ai
« pu résister à l'envie de te voir en-
« core avant mon départ. Adieu, mon
« cher enfant ; console-toi, console
« ton frère, et pensez au bonheur
« que nous aurons en nous revoyant.»
Il fit le voyage bercé de cette espérance, et, dans la dernière lettre que
ses deux fils reçurent de lui, datée de
Lyon, il s'efforçait encore de dissiper
les inquiétudes qu'ils avaient sur son
sort.

Arrivé à Paris dans la nuit du 5 au
6 novembre, il fut conduit en droiture
à la Conciergerie, où on lui annonça
qu'il paraîtrait, dès le lendemain, de-

vant le tribunal révolutionnaire; ce fut alors seulement qu'il eut connaissance de l'acte d'accusation porté contre lui, et sur lequel il devait être jugé. Il fut frappé du plus grand étonnement, car cet acte était précisément celui qui avait été dressé contre les Girondins, ses ennemis, condamnés à mort par ce même tribunal et exécutés huit jours avant son arrivée. Parmi toutes les absurdités que contenait cet acte, il en était une surtout bien frappante; on y avait laissé subsister, par mégarde ou par mépris pour l'opinion et pour tous les moyens de défense que l'accusé pourrait y opposer, le chef d'accusation, déjà si ridiculement porté contre le député Carra, d'avoir conspiré pour placer le duc d'Yorck sur le trône de France. Aussi, quand le duc d'Orléans enten-

dit la lecture de cet article, il dit en
souriant avec mépris : « Mais ceci en
« vérité a l'air d'une plaisanterie ».
Lorsqu'il fut interpellé par le tribunal
de déclarer ce qu'il avait à répondre
aux accusations portées contre lui, il
se borna à faire observer « qu'elles se
« détruisaient d'elles-mêmes et qu'el-
« les ne pouvaient lui être applicables,
« puisqu'il était notoire qu'il avait été
« constamment opposé au système et
« aux mesures du parti qu'on l'ac-
« cusait d'avoir favorisé ». Le tribunal ayant néanmoins passé outre, et
l'ayant, sans désemparer, condamné à
mort, il dit froidement après la lecture de sa sentence, et sans paraître
éprouver la moindre émotion : « Puis-
« que vous étiez décidés à me faire
« périr, vous auriez dû chercher au
« moins des prétextes plus plausibles

« pour y parvenir ; car jamais vous ne
« persuaderez à qui que ce soit que
« vous m'ayez vous-mêmes cru cou-
« pable de tout ce dont vous venez
« de me déclarer convaincu ; et vous
« moins que personne, vous qui me
« connaissez si bien, ajouta-t-il en re-
« gardant fixement le chef du jury (le
« fameux Antonnelle, maire d'Arles,
« avec lequel il avait eu des relations).
« Au reste, continua-t-il, puisque mon
« sort est décidé, je vous demande de
« ne pas me faire languir ici jusqu'à
« demain, mais d'ordonner que je sois
« conduit à la mort sur-le-champ. »
Ce courage calme et cette demande
inattendue parurent frapper de quelque étonnement les hommes de sang
qui venaient de le condamner. Ils
n'hésitèrent pas cependant à lui accorder la triste faveur qu'il deman-

dait. En traversant la place du Palais-Royal, la charrette qui le conduisait au supplice fut, par un raffinement de cruauté, arrêtée pendant quelques minutes; mais l'effet qu'on avait recherché fut manqué : on ne put arracher aucun signe de faiblesse au prince, qui promena avec le plus grand sang-froid ses regards sur la façade de son palais. Arrivé à la place Louis XV, il monta d'un pas ferme sur l'échafaud, et reçut le coup fatal, le 6 novembre 1793, à quatre heures du soir.

Ainsi finit ce prince malheureux, entraîné depuis long-temps vers sa perte, et triste jouet d'événemens auxquels aucune force humaine ne pouvait résister. Élevé quelques instans au plus haut degré de la faveur populaire, il eut tout le temps d'en déplorer l'inconstance. Haï de la cour de

Louis XVI, indignement calomnié par les ennemis de la liberté, s'il ne fut constamment irréprochable, quelques erreurs ne devaient pas faire méconnaître ses bonnes qualités, ni les services qu'il avait rendus. Rien ne peut excuser la lâche ingratitude des hommes comblés de ses bienfaits qui le trahirent, et l'atroce perfidie de ceux qui le livrèrent à la mort [1].

(1) « Malheureux et excellent père (dit le duc de Montpensier dans ses Mémoires), quiconque a pu vous voir de près et vous bien connaître sera forcé de convenir, s'il n'est un indigne calomniateur, que vous n'aviez dans le cœur ni la moindre ambition, ni aucun désir de vengeance ; que vous possédiez les qualités les plus aimables et les plus solides, mais que vous manquiez peut-être de cette fermeté qui fait qu'on n'agit que d'après sa propre impulsion ; que, d'ailleurs, vous accordiez votre confiance avec trop de faci-

Son fils aîné, que nous appellerons maintenant duc d'Orléans, avait, ainsi que nous l'avons dit plus haut, quitté l'armée et la France le 5 avril, le lendemain même du jour où son père avait été arrêté à Paris. Il arriva, non sans danger, au quartier-général des Autrichiens qui était alors à Mons. L'archiduc Charles, qui s'y trouvait, lui fit l'accueil le plus honorable et l'en-

lité, et que des scélérats avaient trouvé le moyen de s'en emparer pour vous perdre et vous sacrifier à leurs atroces projets. Celui qui tiendra ce langage ne fera que vous rendre la justice la plus sévère; mais vos ennemis écraseront sa voix, et malheureusement ils n'en ont que trop les moyens. Eh bien! qu'ils consomment leur ouvrage! qu'ils achèvent de déchirer la mémoire de cet être infortuné et sacrifié! mais puisse-t-il au moins être mieux connu un jour! puisse le monde savoir ce que je sais! et puissé-je encore exister à cette époque! » Ce témoignage d'un

gagea avec instance à prendre du service dans l'armée autrichienne, lui
offrant le grade de lieutenant-général,
le même qu'il avait en France. Proscrit, sans fortune, n'ayant pour le
moment même que de bien faibles
ressources, et voyant devant lui le
plus menaçant avenir, rien ne put porter le prince français à servir l'étranger ou à ternir la gloire de ses premières armes [1]. Toute la faveur qu'il

fils sera sans doute récusé par ceux qui ont
voué au père une haine que ses malheurs et
sa mort cruelle n'ont pu éteindre et qui les
porte encore à outrager sa mémoire. Mais
nous le reproduisons ce témoignage de piété
filiale, parce qu'il est l'expression chaleu-
reuse mais vraie des sentimens de ceux qui
ont approché le plus près du duc d'Orléans,
ou vécu dans son intimité, et qui l'ont mieux
connu que ses détracteurs.

(2) « Celui-là au moins, dit Napoléon dans

réclama de l'archiduc Charles fut un passeport pour la Suisse, où il se flattait de trouver un asile tranquille. Le passeport lui fut accordé, mais l'asile lui fut bientôt refusé partout.

Il partit de Mons le 12 avril 1793, voyageant sous un nom anglais, avec le jeune César Ducrest, qui avait été son aide-de-camp depuis la bataille de Jemmapes. Le héros de cette glorieuse journée traversa alors en fugitif les mêmes contrées qu'il avait naguère parcourues en vainqueur à la tête de troupes françaises. Une gazette lui apprit, pendant ce triste voyage, l'arrestation de toute sa famille. Arrivé à Bâle, le 22 avril, il y reçut des nouvelles de sa sœur, mademoiselle d'Orléans, alors proscrite

ses Mémoires, n'a jamais pris les armes contre son pays ni servi l'étranger. »

comme lui et dont il était devenu le
seul protecteur : elle venait d'arriver
à Schaffhouse avec madame de Genlis, qui lui servait encore de gouvernante, conduite par Gustave de Montjoie, adjudant-général dans l'armée
française, mais qui avait été obligé
de quitter cette armée par les mêmes
motifs et en même temps que le prince.
Le duc d'Orléans, pour rejoindre sa
sœur, quitta Bâle et chercha à trouver
pour elle et pour lui un refuge paisible dans l'intérieur de la Suisse, loin
des frontières de la France ; mais ses
efforts furent vains : à Zurich, à Zug,
partout il fut repoussé, et on lui annonça positivement qu'il ne pourrait
trouver aucun asile dans la libre Helvé-
tie. Telle était sa cruelle destinée ; proscrit en France par les révolutionnaires
terroristes qui la dominaient alors et

qui l'inondaient de sang, il était encore proscrit à l'étranger comme un partisan de cette révolution dont il déplorait les excès et dont il était devenu une des victimes. Les nobles émigrés le poursuivaient surtout avec fureur.

Dans cette position terrible, il voulut, avant tout, trouver à sa sœur un refuge assuré. M. de Montesquiou, ancien membre de l'assemblée constituante, et depuis général en chef de l'armée française qui fit la conquête de la Savoie, mais qui avait été décrété d'accusation peu de temps après, s'était retiré en Suisse et vivait sous le nom du chevalier de Rionel dans la petite ville de Bremgarten. Il avait, pendant son commandement de l'armée des Alpes, eu l'occasion de rendre un important service aux Suisses; ceux-ci,

par reconnaissance, le protégeaient
dans sa retraite contre les dénonciations et les attaques des émigrés qui le
poursuivaient aussi comme général
révolutionnaire. On résolut de le con-
sulter, et le comte de Montjoie alla le
voir à Bremgarten. Le général témoigna le plus vif intérêt pour les illustres
proscrits et le plus grand désir de leur
être utile. Il entama d'abord une négo-
ciation avec la supérieure d'un couvent
à Bremgarten même, et fut assez heureux, après bien des difficultés, pour
y faire recevoir mademoiselle d'Orléans et même Mme de Genlis. «Quant
«à vous, dit-il au prince, il n'y a d'au-
«tre parti à prendre que celui d'errer
«dans les montagnes, de ne séjourner
«nulle part, et de continuer cette triste
«manière de voyager jusqu'au mo-
«ment où les circonstances se mon-

« treront plus favorables. Si la fortune
« vous redevient propice, ce sera pour
« vous un *Odyssée* dont les détails se-
« ront un jour recueillis avec avidité. »

Le duc d'Orléans suivit ce sage
conseil, et, satisfait d'avoir au moins
trouvé momentanément un asile pour
sa sœur chérie, il se sépara d'elle le
20 juin 1793. La douleur que cette
séparation causa à tous deux était du
moins adoucie par l'espoir de se donner l'un à l'autre de fréquentes nouvelles, et ils étaient loin de penser
sans doute qu'ils ne se reverraient que
quinze ans plus tard. Seul, à pied
et presque sans argent, le chef de cette
malheureuse famille commença alors
ses voyages dans l'intérieur de la Suisse
et les Alpes.

Malheureusement pour nos lec-
teurs, cette Odyssée dont parlait le

général Montesquiou, si elle a en effet été rédigée par l'illustre voyageur, n'est pas parvenue jusqu'à nous. Nous savons seulement qu'il lutta long-temps avec courage contre la fatigue et la pauvreté, et qu'un jour il demanda vainement asile aux religieux de l'hospice du mont Saint-Gothard[1]; mais nous aurions aimé à le

(1) Dans une de ses courses, le duc se présenta devant l'hospice du mont Saint-Gothard, le 29 août 1793. Il sonna; un capucin, se montrant à un vasistas, lui cria en italien: *Che volete?* — Je voudrais, répondit le voyageur, quelque nourriture pour mon compagnon et pour moi. — On ne reçoit point ici les piétons et les gens de votre espèce. — Mais, révérend père, nous paierons tout ce que vous voudrez. — Non, non, cette auberge-là est bonne pour vous, répliqua le capucin, en montrant du doigt un mauvais hangar où des muletiers se partageaient un fromage des Alpes, et il referma la fenêtre.

suivre partout dans ses courses aven-
tureuses, au milieu des hautes montagnes, sur les pics glacés des Alpes,
et nous aurions vu parfois le proscrit
français se reposer sur ces anciens os-
semens du monde, comme le proscrit
romain sur les ruines de Carthage.
Mais un nouveau genre d'occupations
fut offert au noble exilé, et des talens, que peu de princes ont possédés,
lui permirent de s'y livrer avec ardeur. Ses faibles ressources pécuniaires étaient totalement épuisées
quand celles qu'il avait acquises dans
une savante éducation vinrent heureusement à son secours. Le général
Montesquiou lui écrivit pour lui faire
part de l'idée qu'il avait conçue de le
placer comme professeur dans un collége du pays des Grisons, à Reichenau,
dont un des propriétaires, M. Aloyse

Jost, était son ami. Le prince y consentit, ainsi que M. Jost, auquel il
fut recommandé de ne révéler à personne le rang du jeune Français qui
allait instruire les élèves de ce collége.
Le secret fut bien gardé; le prince arriva à Reichenau sous un nom em-
prunté, subit un examen en forme devant tous les chefs du collége, et fut,
à l'unanimité des voix, admis comme
professeur. En cette qualité, le duc
d'Orléans enseigna, pendant huit
mois, la géographie, l'histoire, les
mathématiques, les langues française
et anglaise, et sut, autant par sa
conduite que par ses talens, se concilier l'estime des chefs, ainsi que
l'amitié et la reconnaissance des élèves [1]. Le général d'armée, le prince

(1) Ce beau trait du prince a été mis en
scène avec bonheur, au théâtre du Gymnase

du sang royal avait disparu , et personne n'eut l'idée de les rechercher
sous le costume modeste du professeur d'humanités. Nous souhaitons à
tous ceux que la fortune fait tomber
d'un rang élevé le désir et les moyens
de pourvoir d'une manière aussi honorable à leur existence ; mais il en sera
toujours qui aimeront mieux mendier
les secours de l'étranger ou allumer
les feux de la guerre civile au sein de
leur patrie , pour reconquérir ce que
le sort ou leur propre incapacité leur
a fait perdre.

dramatique , en novembre 1830. *Le Collége
de ****, pièce où la personne du prince exilé
figurait , mais avec beaucoup de convenance,
obtint un succès complet à Paris , et elle a
été jouée et se joue encore sur tous les théâ-
tres des provinces, ainsi que le *Moulin de Jemmapes*, autre pièce des mêmes auteurs, et qui
retrace des faits non moins honorables.

Ce fut pendant son séjour à Reichenau que le duc apprit la fin tragique
de son malheureux père. Nous n'essaierons pas de peindre la douleur dont
il fut accablé. De nouvelles inquiétudes pour sa sœur vinrent s'y mêler.
Elle ne put prolonger plus long-temps
son séjour dans le couvent de Bremgarten. Des troubles avaient été excités en cette ville par des émigrés
français, qui, dans leur haine pour tout
ce qui portait le nom de d'Orléans,
étaient parvenus à s'associer quelques
misérables, et jetèrent un jour des
pierres aux vitres du couvent parce
qu'une jeune princesse de ce nom y
avait été reçue ; on en voulait surtout
beaucoup à Mme de Genlis. L'entretien
au couvent devenait d'ailleurs dispendieux ; le duc d'Orléans était dénué de
ressources, et Mademoiselle n'avait

rien pu sauver de France; il fallut donc
songer encore à sortir de cette position.
La tante des enfans d'Orléans, Mme la
princesse de Conti, qui habitait alors
Fribourg, voulut bien se charger de sa
nièce. Mais telle était toujours l'animo-
sité de la haute aristocratie française
et étrangère contre le nom que portait
la jeune et intéressante victime des
orages politiques, que la princesse de
Conti n'osa pas d'abord recevoir sa
nièce chez elle, ni même la faire venir
à Fribourg. La veuve du gouverneur
de feu le duc d'Orléans, Mme la comtesse de Pons-Saint-Maurin, fut donc
chargée du soin d'aller prendre la
princesse à Bremgarten; elle la conduisit dans un petit village près du
lac de Constance, où Mademoiselle
resta cachée pendant trois mois. De
là, elle fut enfin amenée à Fribourg,

où elle entra pendant la nuit ; mais ce ne fut pas encore pour habiter dans la maison de sa tante ; de nouvelles précautions étaient jugées nécessaires. Elle fut donc reléguée dans un couvent cloîtré, et y demeura enfermée pendant deux ans sans oser en sortir. Lorsque les armées françaises pénétrèrent en Suisse, la princesse de Conti fut obligée de quitter ce pays pour se rendre d'abord en Bavière et ensuite en Hongrie, où elle emmena avec elle mademoiselle d'Orléans.

Quelques mouvemens politiques s'étaient aussi opérés dans le pays des Grisons, et M. Aloyse Jost, l'ami du général Montesquiou, avait quitté Reichenau pour se rendre à l'assemblée générale tenue à Coire. La malveillance avait perdu la trace du duc d'Orléans, et le général entrevit la possibi-

lité de lui donner un asile chez lui.
Ce prince quitta donc, au grand regret de ses élèves, sa chaire de professeur, et, muni du certificat le plus
honorable, vint à Bremgarten sous le
nom de Corby. Passant pour un des aides-de-camp du général, il resta auprès
de lui jusque vers la fin de 1794; mais,
à cette époque, la malveillance, toujours si active, parvint encore à dé-
couvrir les traces du prince; il lui fallut quitter la Suisse et se séparer de
son digne ami, M. de Montesquiou,
qu'il ne devait plus revoir. Ce général mourut quelques années après.

Il n'était pas facile de trouver alors
un pays en Europe où le duc pût vivre
inconnu et à l'abri de l'infatigable persécution dont il était partout l'objet.
Il reprit alors pour lui-même le projet
qu'il avait proposé trois ans aupara-

vant à son père, et résolut, en traversant l'Atlantique, de chercher dans le
Nouveau-Monde l'asile que lui refusait
l'ancien. Hambourg lui parut le port
où il pourrait le plus facilement trouver l'occasion de s'embarquer pour les
États-Unis, et il se rendit dans les
environs de cette ville vers la fin du
mois de mars 1795. Mais des promesses
de fonds dont on l'avait flatté ne s'é-
tant pas réalisés, il ne put rassembler
assez de moyens pécuniaires pour entreprendre un voyage aussi long et
aussi dispendieux. Il fallut donc prendre une autre direction. La presqu'île
scandinave, bien digne d'intérêt par
elle-même, pouvait être explorée à
peu de frais, surtout d'après la manière modeste avec laquelle voyageait le
prince. Ce pays lui offrait d'ailleurs, par
son éloignement du théâtre de la guerre

et par le peu d'émigrés français qui s'y étaient rendus, les moyens de dérouter de nouveau la malveillance qui le poursuivait. Muni d'une faible lettre de crédit sur un banquier de Copenhague, auquel il était en outre particulièrement recommandé, non comme duc d'Orléans, mais comme un voyageur suisse, il se rendit d'abord dans la capitale du royaume de Danemarck, accompagné du comte Gustave de Montjoie, et son banquier lui obtint des passeports danois bien en règle avec lesquels il put dès lors voyager en toute sécurité.

De Copenhague, le duc se rendit à Elseneur, vit le château de Kronenbourg qui commande ce port, et où la malheureuse reine Caroline Mathilde, mère du roi actuel, fut enfermée pendant qu'on instruisait le procès du

comte de Struensée, sacrifié à la haine
de la vieille reine douairière Marie-
Julie. Il traversa ensuite le Sund, et
à Helsingbourg mit pied à terre dans
la Suède hospitalière, où tout voyageur honnête est certain de trouver,
sans distinction de rang et de fortune,
un accueil bienveillant. Après avoir
visité la riche et commerçante ville de
Gothembourg, la seconde du royaume, il remonta le lac de Vener pour
admirer les magnifiques cascades de la
Goetha-Elf et les immenses travaux
entrepris depuis deux siècles à Troll-
hœttan pour joindre par un canal le
golfe Bothnique à la mer du Nord,
travaux qui seront terminés, à ce qu'on
espère, sous le règne du roi actuel.
Le duc prit ensuite la route de la Nor-
vége, séjourna à Fredriskshall, petite
forteresse devant laquelle Charles XII

fut tué. Les braves montagnards norvégiens, un des meilleurs peuples de la
terre, reçurent partout en frères les
voyageurs français. Après avoir séjourné à Christiania et à Drontheim,
le duc suivit la côte jusqu'au golfe de
Salten, et, malgré le danger, visita le
Mahlstrom. A certaines époques, les
eaux de la mer, sans cause apparente ou
connue, y tournoient sur elles-mêmes
avec une telle violence qu'elles en-
gloutissent tout ce qui en approche,
même les plus gros navires, dont les débris ne reparaissent plus, tandis qu'en
d'autres temps, les flots y sont aussi
peu agités que dans la mer environ-
nante. Parti de Saltdalm, il parcourut
toute la Laponie et vit une nouvelle
race d'hommes si différens de leurs
voisins, les Norvégiens et les Suédois,
et si curieux à observer dans leurs

mœurs simples et patriarcales. Voyageant à pied, avec ses hôtes Lapons
qui lui servaient de guides à travers les
montagnes, les précipices et les torrens, il arriva jusqu'à la pointe la plus
septentrionale du globe, au Cap-Nord,
le 24 août 1795. Le duc d'Orléans s'a-
vança ainsi jusqu'à dix-huit degrés du
pôle arctique, et à cinq degrés plus
près de ce pôle que les deux seuls
Français qui, avant lui, avaient péné-
tré dans ces contrées hyperboréennes,
Maupertuis, envoyé par le roi de
France pour mesurer un degré du mé-
ridien sous le cercle polaire, et le
poète Regnard voyageant pour son
plaisir, plus d'un siècle auparavant,
protégé dans ses courses vagabondes
par le roi de Suède Charles XI. Le duc
d'Orléans aurait pu avec plus de vérité
que ce dernier graver sur la pierre

l'inscription encore citée dans le Nord:

Hic tandem stetimus nobis ubi defuit orbis. [1]

car, au point où le poète s'arrêta, la terre était encore loin de manquer sous ses pieds.

Traversant une seconde fois la Laponie suédoise, il descendit à Tornéo, à l'extrémité du golfe Bothnique, se rendit de là à Abo, parcourut une partie de la Finlande qui appartenait encore alors à la Suède, mais s'arrêta sur les bords de la rivière de Kymene qui formait la limite entre ce royaume et la Russie. Catherine II gouvernait ce vaste empire, et ses sentimens hostiles pour la France, qui paraissent être passés en héritage à ses petits-fils, n'étaient pas de nature à inspirer

(1) « Nous nous sommes arrêtés ici où la terre nous a manqué. »

au duc d'Orléans un bien vif désir de visiter ses états; il préféra se rendre dans la capitale de la Suède, s'embarqua pour les îles d'Aland, et de là pour Stockholm où il arriva vers la fin d'octobre. Il passa plusieurs jours dans cette ville sous l'incognito qu'il avait adopté, et quand un hasard qu'il n'avait pu prévoir le fit enfin reconnaître, il dut se convaincre par l'accueil de tous les Suédois que la France et la liberté peuvent compter à peu près autant d'amis que d'habitans dans ce royaume. Le bon duc de Sudermanie (depuis roi sous le nom de Charles XIII), le gouvernait en qualité de régent pendant la minorité de Gustave IV. Le duc d'Orléans eut la curiosité de voir au moins de loin cette cour du Nord; on donnait un bal au château le 1ᵉʳ novembre, jour anniversaire de la naissance du jeune roi ; le banquier du duc lui proposa un billet pour une des tribunes les plus élevées de la salle, où celui-ci croyait bien pouvoir se rendre sans être remarqué. Mais le ministre de France près de la cour de Suède, qui le vit et le reconnut, alla de suite trouver le chancelier comte de Sparre, et lui dit : « Vous « me cachez quelques-uns de vos se- « crets ; vous ne m'avez point dit que « vous aviez ici le duc d'Orléans ». Le chancelier prétendit qu'il n'en était rien. « Il y est si bien, reprit l'envoyé, « que le voilà là-haut dans cette tri- « bune. » Après avoir consulté le régent, le chancelier envoya un gentilhomme de la chambre chercher le duc pour le conduire dans l'enceinte où se trouvait la cour et où il fut reçu avec la plus haute distinction. Les princes

lui prodiguèrent les offres les plus gé-
néreuses, et firent donner les ordres
nécessaires pour qu'il pût voir tout ce
qu'il jugerait digne de fixer son attention dans la capitale et dans toute
l'étendue du royaume. Il ne profita que de cette dernière preuve de
bienveillance. Quittant bientôt Stockholm, il voyagea dans l'intérieur de la
Suède, visita les mines qui font en
partie la richesse du pays, descendit
dans les fameuses mines de cuivre de
Falslun, où l'on trouve à une grande
profondeur des villes souterraines, vit
les bons et braves paysans de la Da-
lécarlie qui ont encore conservé les
mœurs et le costume de leurs pères;
ceux-là aidèrent, comme on sait, Gustave Wasa à chasser l'étranger et à dé-
livrer le pays d'un joug odieux. Le duc
d'Orléans put se reposer sur la grande

pierre de *Mora*, du haut de laquelle
ce héros, alors fugitif comme lui, ha-
rangua les Dalécarliens pour les engager à marcher contre le féroce
Christiern, le Néron du Nord. De là,
il se rendit dans le port de Carlscro-
na, arsenal de la marine suédoise, où
les vaisseaux peuvent être mis à sec
dans de vastes bassins taillés dans le
roc, tant pour leur conservation que
pour les réparations jugées nécessaires. Le prince repassa ensuite le Sund
et revint, par Copenhague et Lubeck,
à Hambourg, en 1796. Malheureusement sa visite dans les royaumes du
Nord n'avait point amélioré sa position, ni sous le rapport politique, ni
sous celui des finances, et il se retrou-
vait, à Hambourg, presque sans ressources pécuniaires. On lui fit, il est
vrai, des propositions qui auraient pu

paraître à tout autre bien séduisantes,
afin de l'attirer dans les camps étrangers, où l'on mettait alors un haut prix
à ses services ; mais le prince, toujours
inflexible sur ce point, refusa les offres les plus brillantes.

D'un autre côté, les cinq rois à toge
courte qui, sous le nom de directoire,
gouvernaient la France avec une déplorable incapacité, redoutaient la
présence du duc d'Orléans en Europe,
et croyaient leur puissance en danger,
tant qu'il ne serait pas séparé d'eux
par l'espace des mers. Le moyen le
plus sûr de tout obtenir de lui était
de l'attaquer par ses affections les
plus tendres. Ils négocièrent donc
avec la duchesse sa mère, lui promi-
rent la levée du séquestre de ses biens,
la liberté de ses deux autres fils et toujours détenus à Marseille, à condition

que tous trois s'embarqueraient pour l'Amérique. Mais il fallait d'abord retrouver les traces du duc d'Orléans, qu'on avait perdues depuis son départ de Suède. Le ministre de la république française près des villes Anséatiques, après deux mois de recherches jusqu'en Pologne, le découvrit enfin dans la petite ville de Friedrikstadt dans le Holstein, et lui fit remettre une lettre de sa mère. Cette princesse, dans les termes les plus touchans, suppliait son fils, en son nom et pour l'intérêt des captifs de Marseille, de partir pour les États-Unis.

« Que la perspective de soulager les « maux de ta pauvre mère (lui écri- « vait-elle), de rendre la situation des « tiens moins pénibles, de contribuer « à assurer le calme de ton pays, « exalte ta générosité ! »

Le duc d'Orléans répondit sur-le-champ à sa mère la lettre suivante :

« Quand ma tendre mère recevra
« cette lettre, ses ordres seront exécu-
« tés; je vais m'embarquer sur le pre-
« mier bâtiment qui fera voile pour
« les États-Unis.... Et que ne ferais-
« je pas après la lettre que je viens de
« recevoir? Je ne crois plus que le
« bonheur soit perdu pour moi sans
« ressource, puisque j'ai encore un
« moyen d'adoucir les maux d'une
« mère si chérie, dont la position et
« les souffrances m'ont déchiré le
« cœur depuis si long-temps..... Je
« crois rêver quand je pense que dans
« peu j'embrasserai mes frères, et que
« je serai réuni à eux, car je suis ré-
« duit à pouvoir à peine croire ce dont
« le contraire m'eût paru jadis impos-
« sible. Ce n'est pas cependant que je

« cherche à me plaindre de ma desti-
« née ; et je n'ai que trop senti com-
« bien elle pouvait être encore plus
« affreuse ; je ne la croirai même pas
« malheureuse si, après avoir retrouvé
« mes frères, j'apprends que notre
« mère chérie est aussi bien qu'elle
« peut l'être, et si j'ai pu encore une
« fois servir ma patrie, en contribuant
« à sa tranquillité et par conséquent
« à son bonheur. Il n'y a pas de sa-
« crifice qui m'ait coûté pour elle ; et,
« tant que je vivrai, il n'y en a point
« que je ne sois prêt à lui faire. »

Il s'embarqua sur le vaisseau des
États-Unis *l'America*, le 24 septembre 1796, et, après une heureuse traversée, arriva à Philadelphie, le 21
octobre suivant. Ses deux jeunes frères, les ducs de Montpensier et de
Beaujolais, furent moins heureux ; ils

restèrent plusieurs mois en mer ; partis en novembre de Marseille, ils n'arrivèrent qu'en février 1797 en Amérique. Ce fut un beau jour pour tous
trois quand ils purent enfin se réunir
après une séparation de quatre cruelles
années, qui avait apporté tant d'infortunes dans leur famille. Ils résolurent
bien d'unir désormais leurs destinées
et de ne plus se quitter. Ce ne fut en
effet que la mort qui les sépara.

Les deux jeunes princes rapportè-
rent bien à leur aîné quelques espérances pour l'avenir, mais de bien faibles ressources pour le présent. Ils résolurent de faire d'abord une connaissance plus intime avec le pays libre
où ils venaient d'aborder. Tous trois
partirent à cheval de Philadelphie,
accompagnés d'un seul domestique,
se rendirent d'abord à Baltimore, de

là en Virginie, où ils allèrent voir, à
Mount-Vernon, le plus grand homme
que les temps modernes aient produit,
et que leurs fastes peuvent opposer à
tout ce que l'antiquité a offert d'illustres citoyens à l'admiration et à l'exemple des hommes. Le général Washing-
ton venait de déposer la présidence
des États-Unis, et avait engagé les
princes français à le visiter dans sa
modeste retraite. Ils en reçurent l'accueil le plus honorable. Après avoir
quitté le Cincinnatus américain et
parcouru plusieurs états de l'Union, en
admirant les prodiges de la civilisation
et de la culture, ils voulurent aussi
voir ces hommes restés plus près de
l'état sauvage, jadis les seuls maîtres
de ces vastes contrées et maintenant
refoulés au loin par les avides Euro-
péens. Ils visitèrent ainsi les Chero-

quées, prirent part à leurs fêtes, pénétrèrent dans les forêts et les déserts
des six nations, se dirigèrent ensuite
vers les lacs supérieurs d'Erié et On-
tario pour admirer une des plus grandes merveilles de la nature, le saut de
la Niagara [1].

(1) Lettre écrite par le duc de Montpensier
à Mademoiselle d'Orléans.

Philadelphie, 14 août 1797.

« J'espère que vous aurez reçu les lettres
« que nous vous écrivîmes de Pittsbourg, il
« y a près de deux mois ; nous étions alors au
« milieu d'un grand voyage que nous venons
« de terminer, il y a quinze jours. Il a duré
« quatre mois ; nous avons fait, pendant cet
« espace de temps, mille lieues et toujours
« sur les mêmes chevaux, excepté les cent
« dernières lieues que nous avons faites, par-
« tie par eau, partie à pied, partie sur des
« chevaux de louage, et partie en stage ou
« voiture publique. Nous avons vu beaucoup

Ce fut là sans doute l'époque la plus heureuse de la vie des trois princes, réunis après de longues souffrances. Ils voyageaient ensemble et sans entraves dans un pays libre, loin des regards de la malveillance et des soup-

« de sauvages, et nous sommes même restés
« plusieurs jours dans leur pays: ce sont en
« général les meilleures gens du monde, ex-
«cepté lorsqu'ils sont ivres ou excités à la
« colère. Ils nous ont reçus à merveille, et
« notre qualité de Français a beaucoup con-
« tribué à cette bonne réception, car ils ai-
« ment infiniment notre nation. Ce que nous
« avons vu de plus intéressant après eux a
« certainement été la cascade de Niagara,
« vers laquelle je vous mandais de Pitts-
« bourg que nous allions nous diriger ; c'est
« le spectacle le plus imposant, le plus ma-
«jestueux que j'aie jamais vu ; sa hauteur est
« de 137 pieds, et son volume d'eau est im-
« mense, puisque c'est le fleuve Saint-Laurent
« qui se précipite tout entier en cet endroit ;

12.

çons des gouvernemens. Cette époque
de bonheur fut malheureusement de
courte durée ; de nouvelles traverses
les attendaient.

Peu de temps après leur retour à
Philadelphie, au mois de juillet 1797,

« j'en ai pris une esquisse, et je compte en
« faire une gouache que ma chère petite sœur
« verra sûrement chez notre tendre mère ;
« mais elle n'est pas encore commencée et
« me prendra beaucoup de temps, car ce
« n'est en vérité pas un petit ouvrage.

« Pour vous donner une idée de la manière
« agréable dont on voyage en ce pays, je vous
« dirai, chère sœur, que nous avons passé
« quatorze nuits dans les bois, dévorés par
« toutes sortes d'insectes, souvent trempés
« jusqu'aux os, sans pouvoir nous sécher et
« n'ayant pour toute nourriture que du lard,
« quelquefois un peu de bœuf salé et du pain
« de maïs ; indépendamment de cela, qua-
« rant ou cinquante nuits dans de mauvaises
« cabanes où nous devions coucher sur un

la fièvre jaune se déclara avec une grande violence en cette ville. Tous les habitans jouissant de quelque aisance s'enfuyaient au loin. Les trois princes français qui, à leur entrée dans le monde, paraissaient destinés à une si grande fortune, ne purent alors, faute d'argent, s'éloigner de ce séjour de-

« plancher composé de bûches bien inégales, « sans parler des humeurs et des *grognasseries* « des habitans qui nous fermaient quelque- « fois la porte au nez ou dont l'hospitalité « était souvent bien maussade. Non, jamais, « je le déclare, je ne conseillerai un sembla- « ble voyage à qui que ce soit ; cependant « nous sommes loin de nous repentir de l'a- « voir fait, puisque nous en avons rapporté « tous trois d'excellentes santés, et nécessai- « rement quelques connaissances de plus.

« Adieu, sœur bien chérie, bien aimée, « bien tendrement aimée ; recevez les em- « brassemens des trois frères dont les pensées « sont continuellement avec vous. »

venu pestilentiel. Ce ne fut qu'au mois
de septembre suivant que leur excellente et si long-temps malheureuse
mère, ayant été momentanément ré-
intégrée dans la jouissance de ses biens,
put leur faire passer quelques secours,
qui les mirent à même de quitter Philadelphie. Ils entreprirent alors un
voyage vers le Nord ; mais, à leur arrivée à Boston, ils apprirent, par les
papiers publics, qu'à la suite de la journée du 18 fructidor, une loi venait de
décréter l'expulsion hors de la France
de tous les membres de la famille des
Bourbons qui s'y trouvaient encore,
et qu'il n'y avait point d'exception
pour leur auguste mère. Cette princesse fut déportée en Espagne avec le
prince de Conti et la duchesse de Bourbon. Ses fils n'eurent plus d'autre pensée que celle d'aller la rejoindre. Mais

ce dessein n'était pas facile à exécuter
dans le dénuement auquel ils étaient
encore une fois réduits , et pendant
que la guerre entre l'Espagne et l'Angleterre interceptait presque toutes les
communications. Pour échapper aux
corsaires anglais comme aux vaisseaux
de la marine royale qui sillonnaient
toutes les mers , ils résolurent de se
rendre à la Louisiane par la navigation
intérieure des fleuves de l'Amérique :
cette province appartenait encore à
l'Espagne; il devait y avoir entre elle
et l'île de Cuba quelques relations, et,
une fois arrivés à la Havane, d'où l'on
expédiait de temps à autre des bâtimens de guerre espagnols en Europe,
les princes espéraient obtenir le passage sur l'un de ces vaisseaux. Ils partirent de Philadelphie le 10 décembre
1797, par la saison la plus rigoureuse :

ils descendirent l'Ohio et le Mississipi au milieu des glaces et arrivèrent à la Nouvelle-Orléans le 17 février de l'année suivante. Le gouverneur don Gayoso, ainsi que les habitans de cette ville, firent le meilleur accueil aux princes français; mais, après avoir vainement attendu pendant cinq semaines une corvette espagnole qui devait arriver de la Havane et y retourner, ils résolurent de tout braver pour hâter leur arrivée près de leur mère. Ils s'embarquèrent donc sur un bâtiment américain, et celui-ci fut pris pendant la traversée par une frégate anglaise. Le duc d'Orléans se nomma au capitaine qui le fit transporter avec ses frères à la Havane, où ils débarquèrent le 31 mars. Mais leur espoir de trouver là quelque facilité pour passer en Europe fut complètement déçu. Le séjour

des princes français dans l'île de Cuba
porta même ombrage à la cour d'Espagne. Un ordre daté d'Aranjuez, le
21 mai 1799, prescrivit au capitaine-
général de la Havane de reléguer les
trois frères à la Nouvelle-Orléans,
sans leur assurer seulement quelque
moyen d'y subsister.

Une aussi odieuse persécution ne
pouvait que les indigner, et ils refusèrent, comme on le pense bien, de
laisser ainsi disposer de leurs personnes. Il n'y avait plus dans l'Ancien-
Monde que l'Angleterre où ils pussent
aborder avec quelque sécurité. Profi-
tant d'un parlementaire espagnol, ils
se rendirent d'abord aux îles anglaises
des Bahamas et de là à Halifax, où se
trouvait alors un des fils du roi Geor-
ges III, le duc de Kent, qui reçut très
honorablement les princes français,

mais qui ne se crut pas cependant autorisé à leur accorder passage pour l'Angleterre sur un vaisseau de la marine royale. Sans se laisser décourager par tant de contrariétés, les trois frères se jetèrent dans un petit navire américain qui les conduisit à New-Yorck, où ils profitèrent du départ d'un paquebot anglais qui les conduisit à Falmouth, et ils arrivèrent enfin à Londres au commencement de l'année 1800.

Le comte d'Artois et une foule d'émigrés se trouvaient alors en cette ville. Le duc d'Orléans eut une entrevue avec le premier, pendant laquelle les règles de l'étiquette des cours furent sans doute bien observées, et qui se passa d'ailleurs très décemment; les journaux anglais de cette époque en rendirent compte. La malveillance des

émigrés purs n'osait trop se manifester par des actes publics, le gouvernement britannique paraissant lui-
même protéger les trois frères. Le nom
du duc d'Orléans, ses malheurs, le
courage qu'il avait déployé sur les
champs de bataille, et celui non
moins grand avec lequel il supportait
l'infortune, le rendaient l'objet de l'estime et de la vénération des Anglais.

Toujours occupé du même projet,
celui de rejoindre son auguste mère,
et de concerter avec elle les moyens
de préparer un meilleur avenir pour
les débris de leur famille, il obtint du
gouvernement anglais d'être transporté sur une frégate à l'île de Minorque; il espérait pouvoir plus facilement
là trouver l'occasion de pénétrer en
Espagne. A peine arrivé dans cette
île, le bruit s'y répandit que l'armée

de Condé devait venir s'y réunir à l'armée anglaise. On insista de nouveau pour que le duc d'Orléans se rangeât sous les drapeaux de l'émigration; mais, de concert avec ses deux frères, il s'y refusa formellement.

La guerre entre l'Espagne et l'Angleterre continuait toujours et apportait beaucoup d'obstacles aux communications. Cependant, une corvette du royaume de Naples qui n'était point en guerre avec l'Espagne, étant venue accidentellement au port Mahon, les princes français obtinrent d'être portés par elle dans la rade de Barcelonne; mais, par la méfiance ou la haine que le nom de d'Orléans inspirait toujours au gouvernement espagnol, ils ne purent pénétrer dans l'intérieur de ce royaume, et se virent forcés de retourner en Angleterre, sans avoir pu remplir le vœu le plus cher à leur cœur.

Après tant d'essais infructueux et de courses inutiles, le duc d'Orléans s'établit avec ses deux frères dans un modeste asile, à Twickenham, n'ayant pour tous trois qu'un seul domestique, et se faisant apprêter leurs repas par une cuisinière du pays. Ils y furent rejoints par le chevalier de Broval, qui leur avait été attaché dans les premiers temps de leur éducation et qui, jusqu'à la fin de ses jours, a fait preuve d'un dévouement sans bornes à leur famille [1]. Le duc d'Orléans menait une

(1) M. le chevalier de Broval, conseiller-d'état, officier de la Légion-d'honneur, est mort, le 15 juillet 1832, à Villiers-sur-Seine, près Neuilly. A la restauration, le duc d'Orléans l'avait nommé directeur-général de l'administration de ses domaines et finances.

vie très retirée à Twickenham , mais sans perdre son temps dans une stérile oisiveté. Il étudiait l'économie politique , l'administration et les lois de l'Angleterre , où les libertés publiques et la sécurité individuelle sont si

Le prince ne pouvait choisir un plus digne représentant, et, dans des transactions difficiles, M. de Broval apporta toujours une lucidité de vues qui lui mérita les éloges de nos premiers jurisconsultes. Une intégrité à toute épreuve, un zèle infatigable , une grande aménité de manières et une noble indépendance dans les idées, tels étaient les traits distinctifs du caractère de M. de Broval, qui, dans un poste élevé , se fit des amis de tous ceux qui eurent de fréquens rapports avec lui. Chargé de la distribution des nombreux bienfaits du prince, ils acquéraient un nouveau prix par la manière délicate dont ils étaient répartis. Sa perte a été vivement sentie par l'auguste famille à laquelle il s'était dévoué.

bien assurées par la constitution. Il
visitait tour à tour les monumens publics et les établissemens formés par
l'industrie des particuliers, qui ont
porté l'agriculture et les fabriques à
un si haut degré de perfection, tant
en Angleterre qu'en Écosse. Le gouvernement anglais savait apprécier la
manière de vivre du duc d'Orléans,
qui, se renfermant dans la retraite, y
passait des jours paisibles, sans intrigues, sans projets ambitieux, et surtout
sans importuner sans cesse les ministres de nouvelles demandes, comme
les autres princes émigrés. Mais le coup
le plus sensible devait encore l'atteindre dans cette retraite. Depuis long-
temps la santé du duc de Montpensier
déclinait, et ce prince succomba enfin
à une maladie de poitrine dans l'année

13.

1807 [1]. Le comte de Beaujolais lan-
guissait attaqué du même mal. Les

(1) Antoine-Philippe d'Orléans, duc de
Montpensier, naquit à Paris, le 3 juillet 1775.
A l'époque de la révolution, il parut de bonne
heure dans les rangs des défenseurs de la patrie. A seize ans, il entra comme sous-lieu-
tenant dans le 14e régiment de dragons dont
son frère aîné était colonel ; quand celui-ci
fut fait officier-général, il devint son aide-
de-camp. A la bataille de Valmy, il se conduisit de manière à mériter l'honorable témoignage du général Kellermann, qui écrivit
au ministre de la guerre ce qui suit : « Em-
« barrassé du choix, je ne citerai parmi ceux
« qui ont montré un grand courage que
« M. Chartres et son aide-de-camp M. Mont-
« pensier, dont l'extrême jeunesse rend le
« sang-froid, à l'un des feux les plus soutenus
« qu'on puisse voir, extrêmement remarqua-
« ble » (*Moniteur*, 22 sept. 1792). Devenu
lieutenant-colonel, adjudant-général, il si-
gnala de nouveau son courage à Jemmapes.
Il passa en la même qualité dans l'armée

médecins anglais furent d'avis qu'il
pouvait encore être sauvé s'il était

d'Italie, sous les ordres du général Biron. Au
mois d'avril 1793, il fut arrêté à Nice et
transféré à Marseille, au fort Notre-Dame-
de-la-Garde, où arrivèrent, quelques jours
plus tard, le duc d'Orléans son père, le comte
de Beaujolais son frère, la duchesse de Bourbon sa tante, et le prince de Conti son on-
cle, tous enfermés en vertu d'un décret de la
Convention.

Ce prince a laissé des Mémoires pleins de
charme et d'intérêt. Il y retrace les détails
de sa longue et cruelle captivité à Marseille.
Nous en avons fait quelques extraits plus
haut. Après le 9 thermidor, les deux frères
éprouvèrent quelque adoucissement dans
leur sort, et leur détention devint moins rigoureuse. Ils conçurent même l'espoir de
pouvoir se dérober par la fuite aux mauvais
traitemens, qui, d'un moment à l'autre, pouvaient se renouveler. Ils conclurent, par
l'entremise d'une personne dévouée, un
marché avec un capitaine de navire qui de-

transporté dans un climat plus doux.
On lui conseilla de se rendre à Malte ;

vait partir pour Livourne. Le jour fixé pour leur départ, le 18 novembre 1794, à six heures du soir, le comte de Beaujolais sort le premier de sa chambre, après être convenu d'attendre son frère sur le port ou de lui envoyer un bateau pour le chercher au pied de la tour, dans le cas où il ne le verrait pas arriver. Quelques minutes après, le duc de Montpensier le suit, passe devant les sentinelles sans être arrêté, franchit le pont, et se croit déjà en liberté. Mais il a le malheur de rencontrer le commandant du fort qui le reconnaît et lui crie : « Où allez-vous ? vous « êtes l'aîné des Orléans ; si vous ne rentrez « pas à l'instant, j'appelle la garde et je vous « fais saisir. — J'allais à la comédie, répond « e prince, comme je l'ai déjà fait quel- « quefois à votre insu ; mais je vois que je « serai privé de ce plaisir ce soir », et il remonte tristement l'escalier du fort. A peine rentré dans sa chambre, il attache une corde a a enêtre et s'y abandonne : il était par-

mais il ne consentit à entreprendre ce
voyage que sur la promesse du duc

venu à la moitié de la hauteur , c'est-à-dire
à environ trente pieds, lorsque la corde casse ;
il tombe sans connaissance ; en rouvrant les
yeux , il est frappé de la clarté de la lune et
se trouve dans la mer jusqu'à mi-corps. Après
avoir vainement attendu le bateau que son
frère devait lui envoyer, il se détermina à
traverser le port à la nage. Il s'aperçut alors,
par l'excessive douleur qu'il éprouvait, que
son pied était cassé, et, la force lui manquant,
il eut une peine extrême à faire quelques
brassées pour atteindre la chaîne du port et
s'y reposer. Pendant les deux mortelles heures qu'il resta sur cette chaîne, sept bateaux
passèrent ; il faisait en vain à chacun d'eux
des supplications accompagnées de promesses. « Il est trop tard , disaient les uns. —
Nous n'avons pas le temps , disaient les autres », et ils continuaient à ramer. (On avait
fait les mêmes réponses au comte de Beaujolais, malgré toutes ses offres.) Enfin un ba-
telier plus compatissant vint le chercher, le

d'Orléans de l'accompagner. Les deux frères arrivèrent dans cette île au com-

déposa mourant dans sa barque, et le conduisit au port. A l'instant où on le posait sur le rivage, un passant s'écria : « Eh ! c'est un « des Orléans! il faut qu'il ait voulu s'échap- « per. » Aussitôt on appela la garde, et trois commissaires vinrent ajouter à ses douleurs le tourment d'un interrogatoire : « Pourquoi « cherchais-tu à t'évader? lui demandent-ils. « — Pour me soustraire, répond le duc, à « l'atroce tyrannie sous laquelle je gémis de- « puis près de trois ans, et pour recouvrer « ma liberté dont on n'a pas le droit de me « priver. — Qu'est devenu ton frère ? — Je l'i- « gnore. J'espère que, plus heureux que moi, « il s'est retiré de vos mains et que vous ne « le reverrez plus. » Le comte de Beaujolais avait en effet trompé toutes les surveillances; mais, instruit du malheur du duc de Mont- pensier, il était venu volontairement repren- dre ses fers, pour aider son frère à supporter ses chaînes et ses douleurs.

Cependant ces deux princes demandaient

mencement de mai 1808. Mais là, d'après une nouvelle consultation de mé-

qu'on exécutât en leur faveur le décret sur l'échange des membres de la famille de Bourbon détenus en France. Le directoire exigea, pour prix de leur liberté, que leur frère aîné quittât l'Europe ; ils le rejoignirent enfin en Amérique, et ils ne se quittèrent plus.

Ce jeune prince, mort à la fleur de l'âge, était doué des plus aimables qualités ; il avait reçu une excellente éducation, et montra de bonne heure du goût pour les arts ; il cultiva surtout la peinture avec succès. Plusieurs tableaux de sa composition, une vue de la chute de la Niagara, et un autre très remarquable sur son entrevue avec son frère Beaujolais dans l'intérieur de son cachot de la tour du fort Saint-Jean à Marseille, se trouvent dans la galerie du Palais-Royal.

Il est enterré à Wesminster, et le duc d'Orléans a fait placer sur son tombeau cette épitaphe :

Princeps illustrissimus et serenissimus

decins, qui déclarèrent que le climat
brûlant de Malte était pernicieux au

Antonius Philippus, dux de Montpensier,
Regibus oriundus,
Ducis Aurelianensis filius natu secundus,
A tenera juventute
In armis strenuus;
In vinculis indomitus,
In adversis rebus non fractus,
In secundis non elatus,
Artium liberalium cultor assiduus,
Urbanus, jucundus, omnibus comis,
Fratribus, propinquis, amicis, patriæ
Nunquam non deflendus.
Utcunque fortunæ vicissitudines
Expertus,
Liberali tamen Anglorum hospitalitate
Exceptus,
Hoc demum in regum asylo
Requiescit.

Natus iii Julii MDCCLXXV
Ob. xviii Maii MDCCCVII, ætat. xxx.
In memoriam fratris dilectissimi
Ludovicus Philippus, dux Aurelianensis,
Hoc marmor posuit.

malade, le duc d'Orléans écrivit au roi
de Naples et de Sicile, Ferdinand IV,
pour lui demander la permission de
transporter son frère sur le mont Etna.
La réponse n'arriva qu'après la mort
du jeune prince [1]. La lettre du roi Fer-

(1) Louis-Charles d'Orléans, comte de
Beaujolais, né à Paris, le 7 octobre 1779,
n'avait que treize ans lorsqu'il fut arrêté avec
son père au Palais-Royal. Il fut emmené avec
lui à Marseille. Son frère était enfermé dans
un cachot au-dessous du sien; mais le bonheur de le voir lui était refusé par ses bar-
bares geôliers. Lorsqu'il passait devant sa
porte, il ne manquait jamais de lui crier :
« Bonjour, mon frère », sachant combien le
son d'une voix aimée peut faire de bien. Un
jour, il se glissa, à la suite de ses gardiens, jusque dans la prison du duc de Montpensier et le
pressa dans ses bras. On eut bientôt la cruauté
de les séparer. Ce ne fut que quelques mois
après, en août 1795, qu'on permit aux deux
frères de se voir. Enfin, dans l'année 1796,

dinand était conçue dans les termes les plus flatteurs et invitait le duc à venir à Palerme, où se trouvait alors la cour de Sicile. Le prince s'y rendit et fut accueilli par le roi et la reine Marie-Caroline avec tous les égards qui lui

rendu à la liberté, il alla, ainsi que nous l'avons déjà dit, rejoindre le duc d'Orléans à Philadelphie. Il fit, avec ses frères, les différens voyages qu'ils entreprirent, et vint avec eux en Angleterre, en 1800. Il eut la douleur d'y voir périr le duc de Montpensier et il se sentit lui-même atteint de cette funeste maladie de poitrine qui venait de lui enlever ce frère chéri. Assez indifférent sur sa mort prochaine, il ne consentit à quitter l'Angleterre, dont le climat, selon l'avis des médecins, lui était pernicieux, que sur la promesse du duc d'Orléans de l'accompagner; mais son mal était mortel; il y succomba à Malte, le 30 mai 1808, à l'âge de vingt-huit ans, et fut enterré dans cette île. Le comte de Beaujolais était d'une charmante figure et

étaient dus. Il y vit la princesse Amélie, qui devait plus tard lui assurer
tant de bonheur, en unissant sa destinée à la sienne, et à qui il adressa
dès lors ses vœux. Le roi et la reine
parurent agréer sa recherche, et la
jeune princesse ne put rester insensi-
ble aux hommages d'un prince aimable, que tant de qualités brillantes,
et ses malheurs même, rendaient si

du plus heureux naturel. Il avait beaucoup
de courage et désirait ardemment l'occasion de le signaler. Un jour, il voulut même
visiter, d'aussi près que possible, le camp
de Boulogne, à l'époque où Bonaparte,
premier consul, préparait une descente en
Angleterre. Malgré toutes les représenta-
tions de ses frères, il s'embarqua sur une
corvette qui devait aller reconnaître les côtes,
essuya le feu des batteries françaises, et revit
ainsi, pour un moment, les rivages de cette
patrie, loin de laquelle il devait mourir.

intéressant ; mais les événemens politiques retardèrent long-temps cette
heureuse union. Il fallut essuyer encore de nombreux revers et affronter
de nouveaux dangers.

On venait d'apprendre à Palerme
que Napoléon, s'érigeant d'abord en
arbitre entre le roi d'Espagne et son
fils, avait bientôt résolu de les priver
tous deux de la couronne, et de sou-
mettre aussi ce royaume à sa domina-
tion, en y envoyant, avec le vain titre
de roi, son frère Joseph. Cette funeste
guerre d'Espagne, si injuste en son
principe et si désastreuse par ses résultats, était commencée. Le roi des
Deux-Siciles, jaloux de soutenir les
droits de sa famille, crut que la présence d'un de ses fils dans ce royaume
pourrait être utile, et il résolut d'y envoyer le prince Léopold ; mais il vou-

lut que le duc d'Orléans accompagnât
ce jeune prince pour l'aider de ses
conseils et de son expérience. L'ambassadeur anglais près de la cour de
Sicile paraissait approuver ce projet,
et en facilita même en partie l'exécution, en procurant aux deux princes
leur passage sur un vaisseau de guerre
de sa nation. Mais le gouvernement anglais, qui voulait agir pour son propre
compte et rester seul maître des affaires en Espagne, où il envoyait des
troupes, crut que la présence des princes pourrait nuire à ses desseins. Des
ordres furent donnés en conséquence,
et, lorsque les deux princes arrivèrent
à Gibraltar, où il était convenu que le
vaisseau anglais devait d'abord mouil-
ler, le gouverneur de cette forteresse,
à leur grande surprise, leur déclara
péremptoirement qu'il ne les laisserait

point entrer en Espagne. Ils ne purent
en tirer aucune explication sur les motifs d'une défense qui leur parut si
extraordinaire. Le prince de Salerne
fut retenu deux mois à Gibraltar et le
duc d'Orléans fut conduit en Angleterre sur le même bâtiment qui les
avait amenés de Palerme. Il arriva à
Londres, en septembre 1808, et se plai-
gnit d'abord de la conduite du gouverneur de Gibraltar ; mais on lui répondit que le gouverneur s'était conformé
aux intentions du gouvernement. Le
duc sollicita au moins la faculté d'aller
rejoindre sa mère à Figuières ; mais
c'était toujours en Espagne et il ne put
l'obtenir. Ce ne fut même pas sans
difficulté qu'il obtint de sortir alors
d'Angleterre sur une frégate dont le
commandant eut ordre de le conduire
à Malte, mais de ne pas le laisser ap-

procher des côtes de l'Espagne. Au milieu de tant de contrariétés, il eut cependant un bonheur qui le dédommagea de bien des peines. Après quinze années de séparation, il put embrasser sa sœur, qui l'avait vainement cherché à Malte et Gibraltar, et qui le trouva enfin à Portsmouth, au moment où il allait s'embarquer. Cette princesse monta avec lui à bord de la frégate qui fit voile pour la Méditerranée, et ils arrivèrent à Malte, au commencement de 1809. Le duc écrivit aussitôt à sa mère et lui envoya le chevalier de Broval pour tâcher d'arranger une entrevue, à laquelle des obstacles sans cesse renaissans s'opposaient, et qui ne put encore avoir lieu alors.

Les nouvelles que le prince reçut à cette époque de Palerme n'étaient rien

moins que satisfaisantes. Ses ennemis,
toujours ardens à lui nuire, avaient
profité de son absence pour faire naître de fortes préventions contre lui
dans l'esprit de la reine Marie-Caroline, qui avait, comme on sait, tout
pouvoir dans l'état. Il ne s'agissait de
rien moins que de faire manquer le
mariage du duc d'Orléans avec la princesse Amélie. Il se hâta donc de retourner à Palerme, où il parvint bientôt à dévoiler la fausseté et la perfidie
de ses calomniateurs et à dissiper tous
les nuages qui s'étaient élevés pendant
son absence. La main de la princesse
lui fut alors solennellement promise.
Le duc désirait vivement que sa mère
pût être témoin de cette union, et il
lui demanda de nouveau une entrevue
soit en Sicile, soit en Sardaigne; il
passa lui-même à Cagliari pour la fa-

ciliter; enfin la princesse Adélaïde, sa sœur, lui écrivit de Malte que le gouvernement anglais ne s'opposait plus à leur passage au Port-Mahon, et elle vint reprendre son frère à Palerme, où il était revenu, après avoir plus d'une fois, pendant ses fréquens voyages dans la Méditerranée, couru le risque d'être pris par les corsaires barbaresques. Il fallut encore une fois remettre à la voile pour Mahon, où il eut enfin, après une séparation de seize années bien orageuses, le bonheur d'embrasser sa mère chérie. Il la conduisit, ainsi que sa sœur, à Palerme, et, le 25 novembre 1809, fut célébrée, en cette ville, l'union d'un petit-fils d'Henri IV avec la fille du roi des Deux-Siciles.

La princesse Marie-Amélie, en consacrant devant l'autel le don de son

cœur par celui de sa main, était sans
doute loin de prévoir le sort que l'impénétrable avenir lui réservait, et de
croire qu'en épousant un prince proscrit, poursuivi par la fortune et les
hommes, elle faisait un premier pas
vers le plus beau trône de l'univers.
Si jamais il y eut un mariage con-
tracté parmi les personnes de son
rang sans vues d'intérêt ou d'ambition, ce fut donc bien le sien. Il a
été couronné de plus de bonheur cependant que les mariages de ses deux
sœurs aînées, l'impératrice d'Autriche Marie-Thérèse, et la grande-duchesse de Toscane, Marie-Louise, ainsi
que celui de sa sœur cadette Marie-
Antoinette avec le prince des Asturies,
depuis Ferdinand VII. Ces princesses
furent toutes trois enlevées par une
mort prématurée à la fleur de leur âge.

Le sort devait bien quelques dédommagemens à la princesse Marie-Amélie dont l'enfance s'était passée au milieu des troubles et des orages politiques. Une femme d'un grand mérite, madame d'Ambrosio, avait été le plus particulièrement chargée de son éducation, et la princesse puisa dans ses leçons ces sentimens d'une piété douce, cet amour de la vertu, cette bienveillance pour ses semblables, qui nous préparent à nous-mêmes des jouissances si pures et qui font le bonheur de ceux qui nous entourent. Mais le cours de son éducation, ainsi que nous l'avons dit, fut souvent troublé par les événemens du dehors. A peine âgée de dix ans, la princesse vit l'effroi se répandre dans le palais de ses augustes parens. Vers la fin de 1792, une flotte française, sous les ordres de

l'amiral Latouche-Tréville, entra dans
le golfe de Naples et menaçait d'in-
cendier cette belle cité, si le roi ne
satisfaisait pas immédiatement aux
demandes du gouvernement français.
Il fallut céder, et, depuis lors, ce ne
fut qu'une succession d'alarmes toujours croissantes, jusqu'au moment
où l'armée commandée par le général
Championet vint envahir le royaume
entier et s'emparer de la capitale. La
cour fut obligée de se retirer en Sicile,
au mois de décembre 1798. Une révolution éclata à Naples ; et elle fut terrible pendant sa durée et par ses suites.
La princesse Amélie était restée à Palerme auprès de sa mère, et ce ne fut
qu'au mois de juin, quand l'armée
française eut évacué le royaume de
Naples, que la reine Marie-Caroline
quitta Palerme et s'embarqua avec ses

trois filles pour Livourne. Elle ne voulut pas encore retourner dans la capitale de ses états, et ce ne fut qu'en 1802, après avoir fait un long séjour à Vienne, qu'elle se détermina à revenir à Naples pour le double mariage de sa fille cadette avec le prince des Asturies, et de son fils aîné le prince François, duc de Calabre, avec l'infante Marie-Isabelle. Le départ pour l'Espagne de sa sœur Marie-Antoinette fut pour la princesse Amélie, qui lui portait la plus tendre affection, une source de regrets, et bientôt la plus profonde douleur leur succéda, lorsqu'elle apprit la destinée malheureuse de cette sœur chérie, qui mourut, en 1806, presque en même temps que ses sœurs aînées, l'impératrice d'Autriche et la grande-duchesse de Toscane. Ces pertes cruelles ne furent pas

encore les seuls malheurs que la princesse Amélie eut à déplorer. Dans la
même année de 1806, le roi son père
fut obligé d'abandonner de nouveau
le royaume de Naples et de se retirer
une seconde fois en Sicile avec toute
sa famille. Mais, à Palerme comme à
Naples, au milieu des fêtes comme
dans la retraite, la jeune princesse
Amélie gagnait tous les cœurs ; ses
vertus et ses aimables qualités se développaient, se fortifiaient au sein du
malheur même. Ce fut dans cette cour
exilée de la plus belle partie de ses
domaines, que parut, en 1808 , un
autre illustre exilé qui conduisit, vers
la fin de l'année suivante , comme
nous venons de le dire, son auguste
fiancée à l'autel.

Le duc d'Orléans goûtait depuis
quelques mois les douceurs d'un heu-

reux mariage, lorsqu'une frégate espagnole qui portait un envoyé de la
régence de Cadix, chargé d'une mission particulière pour ce prince, arriva à Palerme. La régence suppliait
le duc de se rendre en Espagne, où
l'on espérait que sa présence exerce-
rait l'influence la plus heureuse sur
tous les esprits, réunirait les partis et
servirait efficacement la bonne cause.
On offrait au prince le gouvernement
de la Catalogne avec tous les honneurs
dus aux infans. Mais la régence avait
négligé, sans doute par crainte de refus, une précaution bien essentielle
dans l'état des affaires, et vu le peu
de puissance qui lui restait à elle-
même. Elle n'avait point pris l'avis
des Anglais sur la démarche quelle faisait auprès du prince. On avait, au contraire, agi avec le plus grand mystère ;

aussi, dès que le général anglais en fut informé, il témoigna tout son mécontentement. On ne voulait pas voir de prince français en Espagne, et le duc d'Orléans moins que tout autre. C'était toujours le même système, d'après lequel on lui avait refusé, quelques années auparavant, la permission d'aller embrasser sa mère. Son arrivée, maintenant qu'il était appelé par la régence et les cortez, avait d'ailleurs une autre importance qu'une simple visite. Le parti espagnol l'avait demandé; le parti anglais le repoussait. Une frégate anglaise fut de suite envoyée à Cadix pour prendre à son bord le duc d'Orléans et le transporter en Angleterre. Le prince refusa de s'embarquer; l'ambassadeur anglais pressait vivement le conseil de régence de l'y contraindre, mesure que ce con-

seil ne crut cependant pas devoir prendre. Enfin, après trois mois de vains
pourparlers, les cortez, alors réunis à
l'île de Léon, lui envoyèrent une députation de trois de leurs membres
pour lui représenter que, dans les circonstances où l'on se trouvait, son
éloignement était nécessaire au salut
de l'Espagne. Les Anglais menaçaient
de retirer leurs troupes de la pénin-
sule si l'on ne pouvait, de gré ou de
force, obtenir son départ. Le prince ne
crut pas devoir résister plus long-temps
et, s'embarquant sur une frégate espagnole, il retourna à Palerme, au
mois d'octobre 1810. Un grand bonheur l'y attendait; la duchesse lui présenta à son arrivée le premier fruit
de leur hymen. C'était un fils, c'était
le duc d'Orléans actuel.

Retiré à la campagne, ne prenant

aucune part aux troubles de la Sicile,
où les partis étaient d'une violence
extrême et où la reine Marie-Caroline
et les Anglais se disputaient le pouvoir, il y demeura tranquille et estimé
de tous les partis jusqu'au mois d'avril
1814. Ce fut un vaisseau anglais, entré
le 23 avril dans le port de Palerme,
qui apporta la grande nouvelle de la
chute de Napoléon et du rappel de la
maison de Bourbon au trône de France.
Les portes de la France, qui étaient
depuis si long-temps fermées au duc
d'Orléans, lui furent enfin rouvertes.
Pressé du désir de revoir sa patrie
après une si longue absence, il part
sur-le-champ pour Paris, se retrouve
bientôt avec une joie qu'on ne peut
décrire sur le sol natal, et se présente
le 17 mai aux Tuileries, revêtu de cet
uniforme de lieutenant-général fran-

çais, qu'il avait honoré dès sa première jeunesse et qu'il n'avait jamais traîné dans les camps de l'étranger.

Le lendemain, le duc d'Orléans reprit possession du palais de ses pères. Il n'en put occuper qu'une petite partie : le théâtre, la bourse et une foule de locataires encombraient presque tout l'édifice.

Mais un de ses premiers soins fut d'aller chercher sa noble épouse et sa jeune famille. Celle-ci était augmentée de deux filles, les princesses Louise et Marie, nées toutes deux à Palerme, la première le 3 avril 1812, et la seconde le 12 avril 1813. Au mois de juillet, le duc s'embarqua sur le vaisseau de ligne français *la Ville de Marseille*, accompagné du baron Atthalin et du comte de Sainte-Aldegonde, qu'il avait attachés à sa personne en qualité d'aides-de-camp. Son voyage à Palerme et son retour à Paris furent prompts. Il y vivait heureux et honoré par tout un peuple qui savait lui tenir compte d'anciens et éclatans services, et il avait récemment vu naître son second fils, le duc de Nemours (25 octobre 1814), quand la nouvelle du débarquement de Napoléon sur les côtes de Provence vint remettre encore en question tout l'avenir de la maison de Bourbon.

Appelé aux Tuileries le 5 mars au matin, le duc d'Orléans reçut l'ordre de Louis XVIII de partir immédiatement pour Lyon. Arrivé dans cette ville, il assista à un conseil de guerre présidé par le comte d'Artois et où se trouvait le maréchal Macdonald, duc de Tarente. Il y fut reconnu qu'il n'existait aucun moyen de s'opposer efficacement à l'entrée de Napoléon à Lyon, et le comte d'Artois repartit sur-le-champ pour Paris. Quand le duc y revint, sa sollicitude se porta sur sa jeune famille qu'il envoya avec la duchesse en Angleterre. La princesse Adélaïde ne voulut point quitter son frère.

Le 16 mars, le duc d'Orléans partit pour aller prendre le commandement des départemens du Nord, que Louis XVIII venait de lui confier : il arriva le lendemain à Péronne, où le maréchal Mortier, duc de Trévise, fit mettre les lettres de service du prince à l'ordre du jour et le présenta aux troupes comme commandant en chef. Accompagné du maréchal, il alla visiter les places de Cambray, Douay et Lille. Le 20 mars, il envoya à tous les commandans des places du ressort de son commandement pour instruction : « De faire céder toute « opinion au cri pressant de la patrie; « d'éviter les horreurs de la guerre ci- « vile, de se rallier autour du roi et « de la Charte constitutionnelle, et « surtout de n'admettre, sous aucun « prétexte, dans nos places les troupes « étrangères. » Mais, ce même jour, le télégraphe de Lille transmettait un or- dre de Napoléon ainsi conçu : «L'em- « pereur rentre dans Paris à la tête des « troupes envoyées contre lui. Les au- « torités civiles et militaires ne doi- « vent plus obéir à d'autres ordres que « les siens, et le pavillon tricolore doit « être sur-le-champ arboré. »

Le duc d'Orléans n'en remplit pas moins avec zèle les fonctions qui lui avaient été confiées. Il alla, le 21, ins- pecter la place de Valenciennes, où il put se rappeler avec orgueil qu'il avait commandé, à l'âge de dix-huit ans, lors du commencement de la lutte glorieuse que la France soutint contre les armées de la coalition. Il se rendit ensuite à Lille, où Louis XVIII entra le 22 mai pour en partir le lendemain. En quittant pour la seconde fois la France, le roi ne laissa aucune instruction au duc d'Orléans ni aux autres chefs militaires. Dans cet état de choses, le duc, à qui il ne restait ni troupes ni moyens quelconques de résistance, ne put que prévenir les commandans des places du Nord qu'il n'avait plus d'ordres à leur transmettre au nom du roi qui prit, comme on sait, la route de Gand. Le duc d'Orléans quitta Lille deux jours plus tard et alla rejoindre sa famille en Angleterre. Mais, avant de partir, il adressa une

lettre au maréchal Mortier, pour lequel
il avait une estime particulière datant
déjà de loin , puisqu'ils avaient fait ensemble la fameuse campagne de 1792.
Cette lettre , également honorable
pour tous deux , fut publiée par plusieurs journaux du temps telle que
nous la donnons ici.

Lille, 23 mars 1815.

« Je viens, mon cher maréchal,
« vous remettre en entier le comman-
« dement que j'aurais été heureux
« d'exercer avec vous dans les dépar-
« temens du Nord. Je suis trop bon
« Français pour sacrifier les intérêts
« de la France, parce que de nouveaux
« malheurs me forcent de la quitter.
« Je pars pour m'ensevelir dans la re-
« traite et l'oubli. Le roi n'étant plus
« en France, je ne puis plus vous trans-

« mettre d'ordre en son nom, et il ne
« me reste qu'à vous dégager de l'ob-
« servation de tous les ordres que je
« vous avais transmis, et à vous re-
« commander de faire tout ce que votre
« excellent jugement et votre patrio-
« tisme si pur vous suggéreront de
« mieux pour les intérêts de la France,
« et de plus conforme à tous les devoirs
« que vous avez à remplir. Adieu, mon
« cher maréchal, mon cœur se serre
« en vous écrivant ce mot. Conservez-
« moi votre amitié dans quelque lieu
« que la fortune me conduise, et comp-
« tez à jamais sur la mienne. Je n'ou-
« blierai jamais ce que j'ai vu de vous
« pendant le temps trop court que
« nous avons passé ensemble. J'ad-
« mire votre noble loyauté et votre
« beau caractère autant que je vous
« estime et que je vous aime ; et c'est

« de tout mon cœur, mon cher maré-
« chal, que je vous souhaite toute la
« prospérité dont vous êtes digne, et
« que j'espère encore pour vous.

« L.-P. d'Orléans. »

Le prince alla s'établir à Twickenham, où il se renferma dans la retraite
la plus absolue, sans prendre aucune
part aux intrigues politiques de cette
époque. Quand le gouvernement royal
fut rétabli, le duc d'Orléans revint à
Paris, au mois de juillet 1815. Les regards et les espérances des bons Français, des vrais patriotes, se portèrent
dès lors sur ce prince ; la conduite honorable qu'il avait tenue pendant son
exil, à deux époques différentes ; son
courage, le souvenir des beaux faits
d'armes de sa première jeunesse, qui
s'était réveillé dans l'esprit du peuple,

ses mœurs pures et ses habitudes simples, qui le portaient à se mêler, sans
faste ni prétentions, dans la foule des
citoyens, tout lui donnait une popularité que les princes de la branche
aînée ne pouvaient acquérir. Le parti
toujours opposé à sa maison avait profité de son absence pour semer des
soupçons à la cour. On avait fait insérer dans les journaux anglais, sous
le nom du duc d'Orléans, alors bien
tranquille à Twickenham, des protes-
tations, des professions de foi fabri-
quées pour lui nuire. Le prince se con-
tenta de les démentir ; mais le parti
continuait à lui prêter les projets les
plus ambitieux, et était parvenu à inspirer d'assez vives alarmes au roi, qui
ne se sentait pas encore bien affermi
sur son trône. Le séjour du duc d'Orléans à Paris ne portait pas moins

d'ombrage à *Monsieur* et à ses fils. L'éloignement du prince fit pour quelque temps cesser ces clameurs. Il avait laissé sa femme et ses enfans en Angleterre; il alla les rejoindre et resta à Twickenham jusque vers la fin de septembre, époque à laquelle il revint à Paris.

Louis XVIII venait alors de rendre une ordonnance par laquelle les princes du sang étaient autorisés à prendre séance dans la chambre des pairs. Le duc d'Orléans se rendit avec empressement à ce poste; c'était tout à la fois pour lui un devoir à remplir et une occasion de manifester publiquement ses opinions et ses sentimens. Il ne tarda pas à user de sa prérogative dans une circonstance importante, mais qui, vu la position où le prince se trouvait, aurait pu paraître à tout autre de nature à exiger le silence et la neutralité plutôt que l'action.

C'était l'époque où commencèrent ces réactions qui ensanglantèrent la France, après la seconde restauration ; ces proscriptions en masse et sans jugement, comme celles des *Trente-huit* et des *votans* ; c'était le temps des meurtres judiciaires de Ney, de Labédoyère, de Chartran, de Mouton-Duverney, des frères Faucher et de tant d'autres ; alors était réunie cette chambre bientôt honorée par le roi du nom d'*introuvable*. Là, l'homme aux catégories, le comte de la Bourdonnaye, demandait la mise en jugement des Français qui, depuis 89, n'avaient pas suivi la ligne droite ; là, M. Duplessis-Grenédan prouvait l'urgence du rétablissement des potences ; là, le vicomte de Bonald disait que l'accusé qui périssait sur l'échafaud n'était que *renvoyé devant son juge naturel ;* alors enfin, selon les émigrés purs, les rectilignes, dont M. de Maistre a si bien exprimé la pensée, le fonctionnaire le plus nécessaire dans l'État, celui qui devait rester en constante activité, était le... bourreau. Louis XVIII était trop clément, trop débonnaire. « Mon « frère » disait élégamment *Monsieur,* « ne sait point régner, il ne fait que « régnoter. »

La chambre des pairs voulut aussi faire preuve de dévouement et d'énergie. Plusieurs de ses membres, que les trophées des députés de la seconde chambre ne laissaient sans doute pas dormir, demandaient à la fois l'épuration de toutes les administrations et le châtiment exemplaire des délits politiques. La commission de la chambre haute, chargée de la rédaction de l'adresse au roi, accueillit ces demandes et avait inséré dans son projet cette phrase bénigne : « Sans ra- « vir au trône les bienfaits de la clé- « mence, nous oserons lui recom- « mander les droits de la justice ; nous « oserons solliciter humblement de son « équité la rétribution nécessaire des « récompenses et des peines, et l'épu- « ration des administrations publi- « ques. » A la lecture de ce paragraphe, il s'engagea une lutte très animée entre les hommes de sang et les patriotes dignes du titre de pairs de France. Les Barbé-Marbois, les Broglie, les Tracy, les Lanjuinais et autres repoussèrent, au nom de la justice et de l'humanité, ces insinuations odieuses qu'on voulait adresser à l'autorité royale. Quelques amendemens

partiels furent proposés; mais les for-
cenés insistant toujours avec violence
pour que la chambre exigeât formellement le châtîment des coupables, le
duc d'Orléans se leva avec un mouvement très marqué d'indignation et
demanda la parole : « Tout ce que je
« viens d'entendre, dit-il, me confirme
« dans l'opinion qu'il convient à la
« chambre de prendre un parti plus
« décisif que celui des amendemens
« qui lui ont été soumis jusqu'ici. Je
« propose donc la suppression totale
« du paragraphe. Laissons au roi le
« soin de prendre constitutionnelle-
« ment les précautions nécessaires
« pour le maintien de l'ordre public,
« et ne formons pas des demandes
« dont la malveillance ferait peut-être
« des armes pour troubler la tranquil-
« lité de l'État. Notre qualité de juges

« éventuels de ceux envers lesquels
« on recommande plus de justice que
« de clémence nous impose d'ailleurs
« un silence absolu à leur égard. Toute
« énonciation antérieure d'opinion me
« paraît une véritable prévarication
« dans l'exercice de nos fonctions ju-
« diciaires, en nous rendant tout à la
« fois accusateurs et juges. »

Un grand nombre de pairs, émus à
ce noble langage, s'écrièrent : *appuyé !*
appuyé ! On remarqua que le duc de
Richelieu fut de ce nombre ; la question préalable fut enfin adoptée par la
majorité, le paragraphe rayé en entier, et les provocateurs de supplices
eurent cette fois le dessous.

La conduite du duc d'Orléans, dont
les journaux de la restauration ne rendirent point compte, mais qui fut citée
avec de justes éloges par les journaux

anglais, ajouta à sa popularité en France, mais fut fortement blâmée à la cour et dans les salons du faubourg noble par excellence. L'ordonnance en vertu de laquelle les princes pouvaient siéger à la chambre des pairs fut d'abord révoquée ; ils ne devaient plus y paraître qu'avec une autorisation spéciale pour chacun d'eux, et délivrée pour chaque séance. Les clameurs du parti, qui n'avait jamais cessé de dénaturer les actions du duc d'Orléans, redoublèrent. Il courait après la popularité, disait-on ; il cherchait à rallier autour de lui tous les mécontens, à se former un parti ; on chercha enfin à relever le ridicule épouvantail de la *faction d'Orléans*.

Pour apaiser toutes les alarmes vraies ou feintes des plus illustres personnages et imposer silence à la tourbe

des malveillans, le duc eut la générosité de s'éloigner encore pour
quelque temps de Paris. On se plut à
la vérité à répandre le bruit que son
exil n'était point volontaire, qu'il lui
avait fallu obéir à une lettre close, et
qu'ainsi le premier prince du sang,
frappé d'une première lettre de cachet, avait été réduit à l'impuissance
de nuire, par l'emploi d'une arme dont
l'autorité royale avait su se ressaisir.

Il est probable cependant que le duc
d'Orléans s'était rendu de son plein
gré en Angleterre, puisque, de son
plein gré, il en revint dès le commencement de 1817. Ce qu'il y a de certain au moins, c'est que, s'il eut
quelque complaisance pour l'autorité
en s'éloignant cette dernière fois, il
ne voulut plus en avoir désormais
de pareille. On assure que le roi

Louis XVIII voulant l'engager quelque temps après à un nouveau voyage, le prince s'y refusa péremptoirement et déclara avec fermeté qu'il ne s'expatrierait plus; que sa conduite était irréprochable, et que, si l'on en pensait autrement, il était prêt à se défendre devant les tribunaux, mais qu'il ne se soumettrait qu'à un jugement légal. On se garda bien d'en provoquer un, et l'affaire en resta là.

Il ne fut plus permis au duc d'Orléans, à sa rentrée en France, et d'après ce qui s'était passé à la mémorable séance de la chambre des pairs du 13 octobre, de prendre part aux délibérations de cette chambre. Il se trouva de même, par la volonté du roi et la jalousie des princes, entièrement exclu de toute participation aux affaires publiques. La crainte excessive qu'eu-

rent le chef et les princes de la branche
aînée de voir le premier prince du sang
prendre quelque importance dans l'É-
tat, eut au moins pour celui-ci cet
avantage, de lui permettre de consacrer plus de temps à ses affaires par-
ticulières. Elles exigeaient en effet de
grands soins et présentèrent long-
temps des embarras presque inextri-
cables.

Quelques détails à ce sujet, fondés
sur actes authentiques, ne seront pas
sans intérêt, ou pourront au moins
servir à redresser l'opinion assez généralement répandue par des hommes
enclins ou intéressés à l'exagération,
sur l'immense fortune que le duc d'Orléans devait avoir retrouvée lors de sa
rentrée en France. Il fut à la vérité
remis en possession des biens non
vendus que son père avait possédés ;

mais la succession de ce prince était
grevée de dettes énormes. La liquidation, commencée de son vivant par
les mandataires de ses créanciers et
continuée par l'État après sa mort,
avait été interrompue après avoir été
conduite de telle manière que d'immenses bénéfices en étaient revenus
à l'État et que les gages des créanciers
avaient disparu dans une proportion
bien supérieure à celle des dettes li-
quidées.

Les biens qui furent rendus au duc
d'Orléans étaient de deux natures ; les
biens patrimoniaux non vendus qu'il
devait partager par portion égale avec
sa sœur la princesse Adélaïde, cohé-
ritière de feu son père, et les biens
d'apanage qui n'appartenaient qu'à lui
seul. Ces derniers, inaliénables par
leur nature pour le prince apanagiste,

puisqu'ils étaient grevés envers l'État d'un droit de retour qui interdisait même toute hypothèque, n'avaient jamais été donnés comme gages d'aucune créance et n'avaient pas pu l'être. Les créanciers des princes prédécesseurs du duc n'avaient donc de droits à exercer que sur les biens patrimoniaux; et ces biens, par l'effet des diverses dilapidations qui eurent lieu pendant le gouvernement révolutionnaire, se trouvaient réduits à une valeur inférieure à la moitié de la somme des dettes auxquelles ils devaient servir de gages. D'un autre côté, les biens d'apanage, tant par l'effet des changemens survenus dans la législation de l'État que par celui des mêmes dilapidations, se trouvaient réduits bien au-dessous de la moitié de ce que le chef de la famille,

Monsieur (duc d'Orléans), frère de Louis XIV, avait reçu comme sa part de la succession du roi son père, et pareillement au-dessous de la moitié de ce que l'État avait repris en 1791, lorsqu'une loi du temps avait opéré cette reprise.

Le duc d'Orléans fut d'abord forcé par la nature des choses de n'accepter la succession de son père, quant aux biens patrimoniaux, que sous *bénéfice d'inventaire* et de se déclarer, avec sa sœur, *héritiers bénéficiaires*. Il ne lui restait ensuite que deux partis à prendre : celui d'abandonner aux créanciers la masse des biens patrimoniaux de la succession, sans intervenir en aucune manière dans leur liquidation, et en se renfermant dans la jouissance des biens d'apanage, sur lesquels les créanciers n'avaient point de droits à

exercer : ou bien celui de se charger
de la liquidation des dettes , en dés-
intéressant les créanciers , et en les
payant tant avec les produits des biens
patrimoniaux qu'avec une partie des
revenus de son apanage.

En prenant le premier parti , le
prince se trouvait à l'instant libéré de
toutes les dettes de la succession ; mais
les créanciers auraient à peine recou-
vré la moitié des sommes qu'ils récla-
maient. C'était cependant le moyen
pour lequel inclinaient les membres du
conseil du prince , effrayés du poids de
la liquidation. Son opinion personnelle
fut pour le second parti, et cette grande
liquidation fut immédiatement entreprise. Le succès a couronné les efforts
du prince. Il a obtenu la satisfaction
de payer, par ses seuls moyens, toutes
les dettes de ses prédécesseurs , tandis

que Charles X , avec une liste civile de plus de vingt-cinq millions et toutes les ressources que lui offraient l'habileté et la complaisance de financiers tels que M. de Villèle , ne put , pendant le cours de son règne , parvenir à payer les dettes contractées par lui-même. Ce monarque avait cependant adopté un mode de liquidation qui conduit vite au but , celui de renvoyer de trop importuns créanciers en niant simplement la dette.

Au milieu des soins de cette liquidation qui a duré dix ans , et pour laquelle il a fallu tant de persévérance et tant de sacrifices , le duc d'Orléans a encore trouvé le moyen d'exercer la plus active bienfaisance. Que de guerriers mutilés ou réduits à la misère , déplorables débris de nos grandes armées , que de pauvres honteux dont nos troubles politiques ont dévoré la fortune ; que de malheureux enfin de toutes les classes de la société ont eu recours à lui ! Aucun n'a été repoussé. Bientôt le prince établit dans sa maison même un bureau particulier, dit *des secours*. La foule des demandeurs allait toujours en croissant ; il fallait prendre quelques renseignemens sur les personnes, et, pour peu qu'ils fussent favorables, le secours arrivait bientôt sans faste et sans éclat. Il est triste d'avoir à dire que dans le nombre des obligés il s'est trouvé plus d'un ingrat. Certaines exigences n'étaient jamais satisfaites ; et cependant les sommes employées annuellement en actes de cette nature étaient si considérables qu'on nous accuserait peut-être d'exagération si nous voulions, même approximativement, en faire ici le calcul.

Pendant tout le règne de Louis XVIII, le duc d'Orléans vivait ainsi presque entièrement renfermé dans son intérieur, qui présentait un heureux modèle de l'union, des bonnes mœurs et des vertus privées. Surveillant avec la plus tendre sollicitude l'éducation de sa jeune et nombreuse famille, il l'a élevée dans les principes et la pratique des vertus dont lui-même et sa bienfaisante épouse n'ont cessé de donner l'exemple. Il a voulu que ses fils profitassent des avantages d'une éducation publique, et il les a envoyés, de bonne heure, suivre les cours dans nos lycées. Là ils étaient confondus, sans distinction de rang, avec les enfans des autres citoyens, et ambitionnaient

comme eux les prix universitaires ;
mais il leur fallait comme eux les mériter pour les obtenir. Cette manière
d'envoyer des princes aux écoles publiques fut encore fortement blâmée à
la cour; les uns la trouvaient incon-
venante et dérogatoire; les autres,
ambitieuse de popularité. Louis XVIII
fit aussi un jour quelques observations
à ce sujet au duc d'Orléans, qui y
coupa court en rappelant à la mémoire
de Sa Majesté que leur aïeul Henri IV,
élevé d'après un système pareil, avait
aussi été envoyé par ses augustes parens aux écoles du Béarn.

Quelle que fût l'abnégation personnelle du duc d'Orléans de toute participation aux affaires publiques, il n'en
recevait pas moins dans son intimité
les hommes qui s'occupaient avec le

plus de talent et de patriotisme de ces affaires. Les Foy, les Manuel, les Stanislas Girardin, les Benjamin Constant, pour ne parler ici que des illustres morts dont la France déplorera long-temps la perte, se rendaient souvent au Palais-Royal ou à Neuilly. L'accueil amical qu'ils y recevaient les dédommageait amplement de l'animadversion aristocratique de la vieille cour des Tuileries.

Au mois de juin 1821, le duc d'Orléans eut le malheur de perdre sa mère qui mourut des suites d'un cancer au sein dans sa maison de campagne à Ivry-sur-Seine, près Paris. Cette princesse, qui a laissé tant de regrets, fut enterrée à Dreux, dans la chapelle qu'elle avait commencé à relever pour servir de sépulture à sa famille, et qui a de-

puis été achevée par les soins de son
fils [1].

(1) Marie-Adélaïde de Bourbon-Penthièvre, duchesse d'Orléans, naquit à Paris, le
13 mars 1753; elle était fille du vertueux duc
de Penthièvre et de Marie-Félicité d'Est.
Elle perdit sa mère peu de temps après sa
naissance; madame de Saluces fut sa gouvernante et elle fut élevée dans le couvent
des Bénédictines à Montmartre. Par la mort
de son frère unique, le prince de Lamballe,
elle se trouva, de bonne heure, héritière de
toute la fortune de la maison de Penthièvre.
Le duc d'Orléans, aïeul de S. M. le roi des
Français, ayant demandé sa main pour son
fils, alors duc de Chartres, elle lui fut accordée, et leur mariage fut célébré le 5 avril
1769 dans la chapelle de Versailles. Tendrement attachée à son époux, cette princesse,
par ses vertus, les graces de sa personne, sa
bonté, sa charité pour les pauvres, devint
bientôt un objet d'amour et de respect pour
tout ce qui l'approchait. Elle suivit le prince
dans plusieurs voyages en Hollande, dans le

Pendant les trois années que dura
encore le règne de Louis XVIII, il

midi de la France et en Italie. Elle visita
Turin, Gênes, Venise, Florence, Rome et
Naples ; ce fut en cette dernière ville que
commença entre elle et la reine Marie Caroline une liaison que déjà elles désiraient
cimenter un jour par un mariage entre leurs
enfans.

La duchesse d'Orléans éprouva de bien
vifs chagrins pendant la tourmente révolutionnaire, et n'eut que de trop justes sujets
d'alarmes sur le sort des personnes qui lui
étaient les plus chères. La piété filiale et l'a-
mour maternel purent seuls adoucir l'amer-
tume de ses douleurs. En 1791, elle alla joindre le duc de Penthièvre son père, qui s'était
retiré au château d'Eu. Lors de la fuite de
Louis XVI à Varennes, ils furent mis tous
deux en arrestation pendant quinze jours,
après lesquels, rendus à la liberté, ils vinrent habiter successivement Anet et le château de Vernon. Là, le vertueux duc de Penthièvre fut protégé, pendant tous les orages

n'y eut rien de changé dans la vie simple et retirée du duc d'Orléans. Il pas-

de cette époque, par l'affection universelle
de tous ceux qui avaient été ses vassaux. Les
habitans de Vernon plantèrent un bel arbre
de la forêt devant la porte du château, et au
milieu des attributs de la liberté, on lisait
l'inscription suivante : *Hommage à la vertu.*
Le duc mourut dans cet asile, le 4 mars 1793.
Sa fille resta encore quelque temps dans son
château de Vernon, soumise à une sorte de
surveillance, jusqu'à ce qu'un décret du 6
octobre ayant prononcé l'expulsion de tous
les membres de la famille de Bourbon, cette
princesse fut amenée dans les prisons de Paris. Des gendarmes furent d'abord envoyés
à Vernon pour l'arrêter. A leur arrivée, les
habitans s'assemblèrent spontanément, accoururent en foule à la porte du château,
déclarant que si cette citoyenne était sus-
pecte ils sauraient bien la garder, mais
qu'ils ne souffriraient pas qu'elle fût déte-
nue ailleurs que chez elle. Les gendarmes se
retirèrent; mais des forces plus considérables

sait une grande partie de son temps au château de Neuilly; il en dessinait lui-

se présentèrent peu après, et la princesse ne voulut pas elle-même qu'on résistât. Elle fut conduite au Luxembourg, où on l'abreuva d'humiliations : on enferma avec elle, dans la même chambre, une courtisane. De nouvelles douleurs vinrent bientôt ajouter à l'horreur de sa situation. La tête de son malheureux époux tomba sur l'échafaud. La vertueuse madame Élisabeth subit le même sort. Chaque jour lui enlevait quelques-uns de ses compagnons d'infortune ou de ses amis. Enfin on donna l'ordre de la transférer elle-même du Luxembourg à la Conciergerie; c'était le signal de sa mort. La courageuse vertu d'un homme obscur, de Benoît, concierge du Luxembourg, vint au secours de tant d'infortune. Il dit que la princesse était trop malade pour être transportée; on gagna du temps, et le généreux refus de Benoît déroba cette illustre victime à la hache révolutionnaire. Le 9 thermidor arriva avant qu'on eût disposé de son sort, et celui de tous

même les nouveaux jardins, présidait
aux plantations considérables dont il

les détenus fut adouci. La duchesse d'Orléans fut transférée dans la maison de santé
dite de *Belhomme*, rue de Charonne. Le directoire, qui prit bientôt les rênes de l'État,
redoutait la présence du fils aîné de la princesse en Europe. Le jeune duc d'Orléans se
trouvait alors dans les environs de Hambourg,
pendant que ses deux frères languissaient
dans les prisons de Marseille. Mademoiselle
était en Hongrie auprès de sa tante la princesse de Conti. Le directoire promit à la duchesse sa liberté et celle de ses deux plus
jeunes fils, si l'aîné, qui portait le plus
d'ombrage à ce faible gouvernement, pouvait se décider à s'embarquer pour l'Amérique. Elle lui écrivit en invoquant son amour
pour elle, pour ses frères, pour sa patrie ; il
se rendit sans hésiter aux désirs de sa mère,
et partit pour Philadelphie. Le duc de Montpensier et le comte de Beaujolais, rendus à
la liberté, allèrent le rejoindre ; sa famille
fut ainsi, pour le moment, mise à l'abri des

l'environnait, et décorait l'intérieur avec les produits de l'industrie fran-

dangers qui la menaçaient en France, et quelque joie put se glisser dans le cœur d'une mère infortunée. Mais elle fut bientôt en butte à de nouvelles persécutions. Un décret du corps législatif, adopté à l'unanimité par les deux conseils, avait bien ordonné la levée du séquestre sur ses biens, mais le nom qu'elle portait inquiétait toujours le directoire, qui fit traîner la mise en possession en longueur, et qui méditait en secret sur les moyens de l'expulser de France et de s'emparer de sa fortune. Le coup d'état du 18 fructidor lui en fournit l'occasion et le pouvoir. Dès le lendemain 19, une loi fut portée qui ordonnait la sortie du territoire français de tous les membres de la famille des Bourbons. La duchesse d'Orléans fut déportée en Espagne avec le prince de Conti et la duchesse de Bourbon, et ses biens, qui n'avaient été que séquestrés, furent alors confisqués et mis en vente. En échange, le directoire lui accorda une soi-disant pension de 100,000 francs qui

çaise et les chefs-d'œuvre de nos ar-
tistes, qui trouvèrent toujours en lui

ne fut jamais exactement payée. La princesse
se rendit d'abord à Barcelonne et de là à Fi-
guères, où elle reçut, en 1807, la reine d'É-
trurie, tombée comme elle du faîte des gran-
deurs. Le 12 juin 1808, les hostilités ayant
commencé en Catalogne, les habitans de
Figueres prirent les armes contre les Français, et la ville fut bombardée par le château.
L'asile qu'avait choisi la duchesse fut écrasé
par les bombes, et elle fut obligée de s'enfuir
à pied au milieu de la nuit. Après avoir erré
dans les montagnes et sur les routes de Tor-
ruella de Monores à Tarragone, et ne trou-
vant plus de refuge tranquille dans la Catalogne envahie de tous côtés par les troupes
françaises, elle se rendit à Mahon dans l'île
de Minorque, où elle débarqua le 1er de janvier 1809. Ses enfans vinrent l'y chercher
pour la conduire à Palerme, où elle assista
au mariage de son fils aîné. Après avoir séjourné quelque temps en Sicile, la duchesse
retourna à Mahon, où elle était encore en

un digne appréciateur de leurs talens et un généreux protecteur. Les hom-

1814, lors de la première rentrée des Bour-bons. Elle revint alors en France et rentra dans la possession des biens qui n'avaient pas été vendus. Au mois de janvier 1815, elle fit une chute sur un escalier et eut le malheur de se casser une jambe. Elle était encore au lit lors du retour de Napoléon de l'île d'Elbe et de sa rentrée à Paris, le 20 mars. Il lui fit dire qu'elle pouvait rester parfaitement tranquille à Paris, si elle le dé-sirait, et elle ne fut en effet nullement in-quiétée pendant les cent jours. Pieuse sans faste, l'exercice des vertus chrétiennes et particulièrement de la bienfaisance ont rem-pli en entier les derniers jours de la duchesse d'Orléans. Après une maladie occasionnée par un coup au sein, cette princesse mourut à Yvry-sur-Seine, ainsi qu'il a été dit plus haut. On a publié : *Journal de la vie de S. A. S. la duchesse douairière d'Orléans, par E. De-lille, son secrétaire intime.* On y trouve des extraits de son testament. Un legs, entre au-

mes de lettres n'eurent pas moins à se
louer de lui ; il aimait à s'entourer de
ceux qui les cultivaient avec succès,
et plus d'un écrivain qui, par ses opinions libérales ou l'indépendance de
son caractère, s'attirait la disgrace des
hauts dispensateurs des munificences
royales ou du royal écrivain lui-
même [1], trouva chez le prince le plus
honorable accueil.

tres, est fait au malheureux valet-de-chambre
qui fut la cause involontaire de l'accident
par lequel fut déterminée sa dernière maladie. Il lui est assuré une pension de 1000 fr.
« On pourrait savoir un jour, disait la duchesse, que N*** est cause de mon accident,
et, quoique ce soit innocemment, il pourrait
peut-être devenir malheureux ; je veux qu'il
ait au moins de quoi se mettre à l'abri de la
misère. »

(1) Louis XVIII avait, comme on sait, de
grandes prétentions littéraires, peu justifiées

Quand l'auteur des Messéniennes fut brutalemant destitué par le Vandale Corbière d'un modeste emploi au ministère de l'intérieur, il lui en fut aussitôt offert un autre, créé pour lui à la Bibliothèque du Palais-Royal. La même main généreuse vint aussi au secours de l'honorable indigence du Tyrtée de nos armées, dont le chant patriotique avait si souvent guidé nes soldats à la victoire. Plus tard, un éclatant témoignage de bienveillance fut rendu à l'auteur de la Marseillaise ; alors la générosité était justice. Aux Tuileries, on ordonnait que le savant mathématicien, le septuagénaire Le-

au reste par le minutieux ouvrage sorti de sa plume (*Voyage à Bruxelles et à Coblentz*). Un joli quatrain sur l'éventail de la reine Marie-Antoinette lui a même été contesté ; mais le *Voyage* n'a été réclamé par personne.

gendre , membre de l'Institut , fût
privé d'une pension dont il jouissait
depuis un quart de siècle ; que le jeune
Lebrun , auteur de *Marie-Stuart* , fût
rayé du registre pour celle que Napoléon lui avait donnée au sortir du pry-
tanée de Saint-Cyr ; que Tissot fût
arraché à la chaire de professeur pour
laquelle il avait été désigné par De-
lille , et où il le remplaçait avec tant
de talent. Mais aussi on comblait de
faveurs de serviles écrivassiers.

Louis XVIII mourut le 16 septembre 1824. Si les sanglantes réactions
des premières années de son règne, si
les exils, si les meurtres judiciaires,
les cours prévôtales , les trames our-
dies par des agens provocateurs
avaient fait verser des larmes amères
aux familles et aux amis des victimes,
au moins sa mort n'en fit-elle répan-

dre à personne : il ne fut pas même regretté des siens ni de ceux qui se proclamaient les royalistes par excellence, les soutiens du trône et de l'autel. La haute aristocratie, les émigrés, les prêtres, trouvaient que Louis XVIII n'en faisait pas assez pour eux et qu'il en avait beaucoup trop fait contre leur système rétrograde, en octroyant sa Charte au peuple français. Il aurait dû se ressaisir de l'autorité du grand roi son aïeul, l'exercer dans toute son étendue, et surtout en faire rejaillir sur eux l'éclat et les bénéfices : cela lui eût été facile à sa seconde rentrée, à l'aide des étrangers, ses augustes alliés ; au reste, il tendait peut-être à ce même but, mais par une voie détournée qu'il ne suivait qu'avec faiblesse et hésitation. On se plut bientôt même

à jeter du doute sur ses véritables intentions, à l'accuser de perfidie envers son parti ; et , dans plus d'un sa-
lon ainsi qu'au pavillon Marsan, on
gratifiait Louis XVIII du titre de *roi
jacobin*. Le parti absolutiste enfin
fondait de hautes espérances sur son
successeur, le roi chevalier ; et en
effet, il avait raison de compter sur
lui. Le parti contraire avait , comme
on sait, de tout autres sujets de plainte
contre le roi défunt, et lui reprochait
des torts bien plus graves.

Le règne de Charles X ne commença pas cependant sous des auspices trop défavorables. Il fallait peu de
chose, à cette époque, pour faire croire
à un meilleur avenir. Quelques mots
bienveillans et populaires qui furent
prêtés à ce prince, lors de son entrée
à Paris, et la suppression de la cen-

sure préventive pour les journaux,
qu'il ordonna d'abord, firent naître
des espérances que le peuple confiant
et crédule saisit avec empressement.
D'ailleurs, dans la position où l'on se
trouvait, tout changement devait être
favorable et l'on était avide de changement. On espérait surtout généralement le renvoi immédiat du triumvirat
Villèle, Corbière et Peyronnet, ministres également réprouvés par l'opinion
publique. Il y avait bien quelque
doute sur le choix de leurs succes-
seurs ; mais enfin ce choix ne pouvait
tarder à être connu, et l'on attendait
chaque matin avec impatience l'arrivée du *Moniteur*, pour y trouver les
noms des nouveaux élus et la composition d'un ministère moins anti-national. Cet espoir, comme bien d'autres,
fut complètement déçu ; Villèle sut se

rendre de plus en plus agréable et
nécessaire au nouveau souverain ,
non-seulement par l'ardeur avec laquelle il secondait ses vues pour la
conquête du pouvoir absolu, idée fixe
de Charles X [1], mais aussi par l'habileté financière avec laquelle il sut
fournir en secret, ou sans qu'il y parût
au budget de l'État, tout l'argent dont
le roi et les princes de sa maison
étaient affamés. Des sommes énormes
furent ainsi dévorées à côté d'une
liste civile de plus de vingt-cinq
millions, qui ne suffisait point aux dé-

(1) Ce prince disait souvent à ses familiers :
« *qu'il léguerait le trône de France à ses héritiers tel qu'il l'avait reçu de ses ancêtres , et
qu'il saurait bien monter à cheval quand il le
faudrait.* » Il répétait souvent aussi : « *qu'il va-
lait mieux monter à cheval qu'en charrette,* »
faisant allusion au sort funeste de Louis XVI,

penses désordonnées de la cour la plus coûteuse et la plus prodigue qui ait existé en aucun temps.

Tout en bravant avec audace l'opinion de la France, M. de Villèle sut encore retenir entre ses mains les rênes de l'État pendant quatre longues années ; il n'eut cependant pas la gloire dont il se croyait certain et dont il s'était vanté, celle de mourir ministre ; mais il eut, en revanche, la gloire d'amasser pour lui et les siens une fortune colossale, d'augmenter la dette de l'État dans une progression effrayante, de donner un nouvel aliment à l'agiotage par la création du trois pour cent et de faire octroyer un milliard aux émigrés. Pour se rendre la congrégation et les jésuites de plus en plus favorables, il fit décréter la loi de sang dite *du sacrilége* ; il fut moins heureux pour une loi *sur le droit d'ai-nesse* et pour celle *de justice et d'amour* contre la presse, proposées par son col-lègue Peyronnet : toutes deux furent rejetées par la cour des pairs ; mais il se vengea noblement de cette chambre en y introduisant soixante et quinze pairs nouveaux, presque tous partisans zélés de l'absolutisme. Il eut enfin la gloire de faire licencier la garde natio-nale de Paris et de commander, pour dernier exploit, des charges à la baïon-nette et des fusillades dans la rue Saint-Denis contre des citoyens inof-fensifs. Après avoir accompli, sous l'égide de son royal maître, cette longue série d'actes qu'il est inutile de qualifier ici, il commença enfin à s'apercevoir des embarras de sa posi-tion ; il comprit alors qu'il serait peut-être prudent de remettre, pour

quelque temps au moins, la direction
ostensible des affaires à des hommes
moins odieux aux Français que lui et
ses collègues.

La majorité venait de lui échapper
en deux occasions importantes à la
chambre des pairs, et il n'était pas
trop certain de la reconquérir, même
avec ce qu'on appelait par dérision *sa
fournée* nouvelle. A la chambre des
députés, le bataillon sacré des *trois
cents*, dont il était si fier et que son
coup d'œil avait long-temps fait manœuvrer, commençait à fléchir et s'af-
faiblissait chaque jour par quelques
désertions. Il voulut cependant tenter
un dernier effort pour ressaisir le
pouvoir, et fit dissoudre cette assemblée dans l'espoir d'obtenir une plus
grande majorité par des élections
nouvelles. Cette attente fut encore

trompée, et, malgré toutes les fraudes électorales ordonnées par lui et si fidèlement exécutées par ses agens, la chambre plus populaire de 1828 fut élue.

Il n'y avait plus de moyens dilatoires : M. de Villèle donna sa démission ; il organisa lui-même le ministère qui devait succéder au sien, espérant bien encore le diriger de loin, ou le faire tomber à son gré. En se retirant, il ne priva point le monarque de ses conseils, et les avis secrets qu'il lui faisait passer de sa terre près de Toulouse, avis toujours favorablement reçus aux Tuileries, entravèrent souvent les opérations de son successeur, dont plusieurs propositions furent regardées par le parti *ultra* comme trop libérales.

Pendant cette désastreuse époque

où la France, frémissant d'indignation, subissait le joug de l'absolutisme sous un ministère que la nouvelle chambre s'empressa de flétrir du nom bien mérité de *déplorable*, la conduite du duc d'Orléans fut toujours ce qu'elle devait être, noble et mesurée. La cour crut sans doute lui faire une faveur insigne en lui accordant pour lui et sa famille le titre d'*altesse royale*. Nous citons simplement ici pour mémoire ce fait peu important par lui-même : tout ce qu'il nous paraît offrir de remarquable, c'est qu'il ait eu lieu si tard et qu'il ait fallu une ordonnance pour donner le titre de *royal* au descendant direct de Louis XIV.

Quoi qu'il en soit, Son Altesse Royale, simple dans ses goûts, se plaisant au sein de sa famille, ne changea rien à sa vie habituelle et continua à se montrer rarement à la cour. Un plaisir, devenu depuis plusieurs générations l'occupation favorite des princes de la maison de Bourbon, n'avait aucun attrait pour le duc d'Orléans : il n'était point chasseur et ne put donc s'associer aux exploits de Charles X et de son fils, qui se distinguaient par une grande adresse et remportaient de si beaux triomphes dans les forêts. Il donnait, à la vérité, des soins aux bois qui lui avaient été rendus, en faisait replanter les parties dévastées pendant la révolution ; mais c'était dans un but utile aux générations futures et non aux bêtes fauves. Il mit aussi une louable persévérance à terminer la grande entreprise commencée par son père : le Palais-Royal, tel qu'il avait été rendu au prince en 1814, était dans un état de dégradation extrême. De misérables galeries de bois menaçaient ruine; des constructions conduites à moitié avaient été abandonnées; l'intérieur des arcades offrait une bigarrure désagréable à l'œil, chaque locataire empiétant sur la voie publique par des devantures et des étalages divers; les femmes honnêtes commençaient à craindre de s'y rendre au milieu de l'affluence des rebuts de leur sexe. En quelques années, sous les auspices du prince et avec le concours du plus habile de nos architectes, M. Fontaine, tout fut terminé, régularisé, embelli, et le Palais-Royal est devenu un monument que l'habitant de Paris peut offrir avec orgueil à l'admiration de l'étranger.

Cependant une grande crise approchait et se faisait déjà pressentir par

les signes ordinaires des tempêtes politiques. Selon les projets bien arrêtés
du roi, le ministère Martignac ne devait servir que de transition à un autre pouvoir moins timoré qui saurait
rendre au trône son ancien éclat et
rétablir le monarque dans tous ses
droits, trop long-temps méconnus. Il
est juste de dire que M. de Martignac
et ses collègues voulurent sincèrement le bien de l'État. Ils cherchèrent
à ramener le gouvernement dans des
voies plus constitutionnelles et à
donner à la France quelques-unes des
garanties qu'elle réclamait en vain
depuis si long-temps. Mais, si ces
hommes d'État agissaient de bonne
foi, il n'en était pas de même de la cour,
et ils se trouvèrent sans cesse contra-
riés par un pouvoir occulte qui se
plaisait à entraver leur marche; ils

parvinrent néanmoins à décréter une loi électorale destinée à réprimer les fraudes qui, sous leurs prédécesseurs, avaient si profondément gangréné la représentation nationale ; une loi sur la presse, incomplète sans doute, mais qui n'admettait ni censure ni procès de tendance ; et enfin une ordonnance sur les congrégations religieuses, tendant à exclure les jésuites, sinon de France, du moins de l'enseignement public.

C'était beaucoup obtenir de Charles X ; il fallut péniblement arracher la sanction royale à de pareilles lois. Aussi les ministres virent-ils leur crédit décliner chaque jour auprès de ce prince. Bientôt on ne leur répondait que par le mot d'ordre du parti : *plus de concessions*. Déjà, par deux fois, l'homme de prédilection, auquel ils savaient bien que la seconde place dans l'État devait tôt ou tard être donnée, avait traversé la mer, quittant son ambassade à Londres, sans daigner même en prévenir le ministre des relations extérieures, et toujours il avait reçu l'accueil le plus gracieux aux Tuileries. Les ministres ne s'abusèrent plus sur les desseins de Charles X, et, pour éviter le scandale d'un renvoi, ils offrirent tous ensemble leur démission, qui fut acceptée avec une satisfaction des plus marquées.

La France, qui n'était pas dans la confidence des projets de la cour, fut frappée de stupeur en apprenant par le *Moniteur* du 8 août que le prince de Polignac était placé à la tête de l'administration. Le nom qu'il portait avait déjà été funeste à la royauté ; lui-même n'était connu que par sa participation au complot de la machine infernale et par son refus de prêter serment, comme membre de la chambre des pairs, à la Charte constitutionnelle. Il était prince à la façon de la cour de Rome, et on le savait nourri de maximes ultramontaines. Malheureusement pour lui et pour son maître, il ne connaissait pas la France, et il avait un profond mépris pour le peuple français, qu'il mettait encore au-dessous du *mob* ou de la plus vile populace de Londres.

Il croyait que l'audace suffisait, et, qu'en tout osant, on pourrait tout emporter; aussi mit-il d'abord une espèce de recherche à braver l'opinion publique. La composition du ministère lui était abandonnée, et il choisit de dignes collègues : l'homme aux sanglantes catégories fut placé au

ministère de l'intérieur ; le transfuge
de Waterloo, odieux à l'armée, devint
ministre de la guerre, et on fit chercher à Poitiers le procureur du roi le
plus fameux par ses réquisitoires et
par la haine que lui portait tout le
barreau, pour en faire un préfet de
police à Paris. Enfin, quand M. de
Labourdonnaye, qui visait à la présidence du conseil, fut mécontent de la
part d'autorité qui lui était échue, et
se retira, M. de Peyronnet fut rappelé à l'intérieur pour couronner
l'œuvre de la création du ministère le
plus anti-national qui ait existé jamais.

Des cris d'indignation partirent de
tous les points de la France ; la nation se prépara à la defense de ses
droits menacés ; des associations formées pour le refus de l'impôt se pro-
pagèrent avec rapidité ; et la presse

s'engagea dans une guerre à outrance avec le nouveau ministère.

L'ouverture des chambres eut enfin lieu après neuf mois d'attente : le discours du roi fut hostile et menaçant : « Si de coupables manœuvres, « disait Sa Majesté, suscitaient à mon « gouvernement des obstacles que je « ne veux pas, que je ne puis pas pré- « voir, je trouverai la force de les « surmonter dans ma résolution. » Les députés, à leur tour, déployèrent une noble fermeté. Dans l'adresse en réponse au discours du trône, signée par la majorité des membres de la chambre, il était dit : « L'intervention « du pays fait du concours permanent « des vues politiques de votre gou- « vernement avec les vœux du peu- « ple, la condition indispensable de « la marche régulière des affaires pu-

« bliques. Sire , notre loyauté , notre
« dévouement nous condamnent à
« vous dire que ce concours n'existe
« pas. Entre ceux qui méconnaissent
« une nation si calme , si fidèle , et
« nous, qui avec une conviction pro-
« fonde , venons déposer dans votre
« sein les douleurs de tout un peuple,
« que la haute sagesse de Votre Ma-
« jesté prononce. » Cette sagesse se
prononça dans les termes suivans :
« J'avais compté sur le concours des
« deux chambres pour le bien que
« j'avais médité pour consolider le
« bonheur de mon peuple. Je suis
« peiné d'entendre les députés dire
« que, de leur part, ce concours n'exis-
« te pas. Je vous ai annoncé dans mon
« discours mes résolutions ; *elles sont*
« *immuables ;* l'intérêt de mon peuple
« me défend de m'en écarter. Mes

« ministres vous feront connaître mes
« volontés. » La chambre fut de suite
prorogée, et, peu de temps après, dis-
soute.

Il fallut convoquer de nouveau les
colléges électoraux. Le ministère fit
les plus grands efforts pour que les
élections lui fussent favorables; et
comme il croyait n'avoir plus de ménagemens à garder, il manœuvra plus
audacieusement et avec plus d'impu-
deur que celui de Villèle. Il fallait
écarter les deux cent vingt-un députés signataires de l'adresse et les hommes indépendans et énergiques dont
on redoutait l'opposition. Mais malgré
toutes les intrigues de ses agens et
l'ajournement des vingt colléges qu'on
croyait les plus difficiles à influencer,
malgré les circulaires menaçantes, les
destitutions, les déplacemens, l'oppo-

sition triompha dans l'immense majorité des colléges ; les deux cent vingt-un furent presque intégralement réélus et se trouvèrent fortifiés d'un grand nombre de députés patriotes.

Les murmures, les malédictions qui retentirent dans toute la France, pendant les élections, ne parurent point intimider les nouveaux dépositaires du pouvoir[1]; ils firent annon-

(1) Il faut en excepter deux, MM. de Courvoisier et Chabrol de Crussol, qui avaient reculé devant les projets de contre-révolution en donnant leur démission. Le ministère des ordonnances était donc composé du prince Polignac, ministre des affaires étrangères et président du conseil; de Peyronnet, ministre de l'intérieur; Chantelauze, garde-des-sceaux ; Bourmont, ministre de la guerre; d'Haussez ministre de la marine; Montbel, ministre des

20.

cer, par les journaux à leur solde, qu'ils paraîtraient devant les deux chambres; ils se vantèrent même d'y obtenir une majorité favorable à leur administration. Fier de son crédit auprès du roi et de son omnipotence ministérielle, le président du conseil s'avançait dans la carrière qu'il s'était tracée avec une assurance, on pourrait même dire une fatuité inconcevable. Il était parvenu à inspirer la même confiance à Charles X , qui ne s'était pas encore montré aussi ferme en ses projets. Le programme du coup d'état avait été apporté d'Angleterre, où probablement il avait été approuvé par le duc de Wellington. Les ordonnances qui devaient détruire

finances; Guernon de Ranville, ministre des cultes et de l'instruction publique, et Capelle, ministre des travaux publics.

la Charte étaient rédigées d'avance ;
on n'attendait plus que l'arrivée de la
nouvelle de la prise d'Alger pour frapper le grand coup. Nul doute sur la
réussite, car ce peuple qu'on mépri-
sait, quelle résistance pourrait-il offrir ? M. de Polignac disait qu'il ferait
balayer devant lui cette canaille comme la poussière des rues : les journées
de juin 1825, les fusillades de la rue
Saint-Denis prouvaient assez, selon
lui, qu'il était facile de mettre à la
raison la tourbe populaire.

Pour préparer, en quelque sorte,
les esprits aux lois qu'on allait pro-
mulguer, on s'était fait adresser des
mémoires [1] dans lesquels l'anéantis-
sement de la Charte et le rétablissement de la monarchie pure étaient
explicitement demandés. Ce fut sans

(1) Publiés par MM. Madrolles et Cottu.

doute aussi pour en faire sentir la nécessité que de mystérieux incendiaires
promenaient leurs torches enflammées
dans plusieurs de nos départemens et
y portaient la ruine et l'épouvante.

Enfin le canon annonça aux habitans de Paris la conquête de la ville
barbaresque, et l'archevêque, en faisant chanter le *Te Deum* dans l'église
de Notre-Dame, dit au roi : *Que cette
victoire était le présage d'une plus importante encore,* celle que monseigneur
savait bien qu'on se disposait à remporter sur la liberté.

Mais , quelque certain qu'on se crût
de ce triomphe , on ne dédaigna pas
cependant d'appeler encore un peu
de ruse à l'aide du pouvoir. La dissolution de la nouvelle chambre était
décidée dans le conseil ; le jour où
cette dissolution devait être déclarée

était fixé. On envoya cependant des lettres closes aux pairs et aux députés pour les convoquer à une prétendue session qui devait commencer le 3 août, et qu'on était bien résolu à ne pas ouvrir. Plusieurs membres des deux chambres reçurent leurs lettres de convocation les 25 et 26 juillet. On voulait attirer les députés à Paris, sans doute pour les avoir sous la main, et pour s'emparer plus facilement de ceux qu'on redoutait ou dont on voulait se venger.

Ce fut encore l'oracle officiel du *Moniteur* qui annonça, le 26 juillet, à la France, les nouvelles destinées que son roi lui préparait. Les quatre fameuses ordonnances y parurent précédées d'un long et astucieux rapport au roi, signé par tous les ministres et provoquant ces nouveaux décrets : la

première abrogeait les lois qui consa-
craient la liberté de la presse et re-
mettait en vigueur le décret du 21 octobre 1814, d'après lequel nulle feuille
périodique ne pouvait paraître sans
l'autorisation préalable du gouvernement ; et l'ordonnance ajoutait que
les presses et les caractères des journaux pris en contravention seraient
saisis ou *mis hors de service* ; la seconde,
attentat direct contre la représentation
nationale , prononçait la dissolution
de la chambre des députés, avant
même qu'elle eût été réunie; la
troisième annulait les lois électorales
en vigueur, réduisait le nombre des
députés de quatre cent trente à deux
cent cinquante-huit, ne laissait aux
colléges d'arrondissement que le droit
de présenter des candidats, abolissait
le secret des votes, l'intervention des

tiers et la juridiction des tribunaux en
matière d'élection ; la quatrième enfin
convoquait de nouveaux colléges pour
les 6 et 18 septembre, et les deux
chambres pour le 28 du même mois.

Nous n'essaierons pas de tracer ici
le tableau de l'indignation générale
qui éclata dans Paris et bientôt dans
toute la France, après la publication
de ce tissu d'iniquités. Un roi parjure
et des ministres traîtres à leur patrie
prétendaient bouleverser, à traits de
plume, toutes nos institutions, nous
ravir ce qui nous restait de ces libertés, bien chèrement achetées au prix
de quarante années de travaux, de sacrifices, de sang et de combats. Jamais on ne brava plus insolemment en
face un peuple généreux ; et, comme
l'a dit un de ses représentans (M. de
Bérenger), il était réservé à notre hé-

roïque nation de recevoir de son roi
plus d'outrages en un seul jour que
l'étranger n'eût jamais osé lui en faire.
Nous ne donnerons pas non plus l'his-
torique des trois immortelles journées,
dont plusieurs récits ont déjà été publiés. Les événemens se sont passés
sous nos yeux ; nous y avons pris part,
nous y étions : pères, enfans, femmes
même sont descendus dans la sanglante arène. Nous y étions tous, nous
autres patriotes de 89. La mort avait
bien éclairci nos rangs, mais enfin
aucun de ceux à qui le sort a permis
de survivre au règne de la terreur,
aux guerres étrangères, à celles plus
cruelles encore allumées au sein de
la France, aux exils et aux échafauds
de la restauration, aucun n'a manqué
de se présenter au combat et d'offrir
en tribut jusqu'à la dernière goutte

de son sang, pendant ces jours de
danger, où il s'agissait de nouveau de
liberté, de gloire et d'indépendance
nationale. Nous avons sillonné nos
rues de formidables barricades, marché tour à tour à l'Hôtel-de-Ville,
aux ponts, au Louvre, aux Tuileries.
C'est devant ce peuple si méprisé, et
qui montra par son courage et sa magnanimité s'il méritait ces mépris,
que se sont dispersés les Suisses, la
garde royale, et les soldats des régimens de ligne, combattant à regret
contre leurs frères. Après avoir repris
avec enthousiasme nos couleurs du 14
juillet et nos uniformes de gardes nationaux, nous avons élevé sur le trône
un prince digne d'être placé à la tête
des Français : c'est à lui qu'il faut
maintenant revenir.

Le duc d'Orléans était à Neuilly

avec sa famille dans la plus complète
ignorance de ce qui se tramait à la
cour : le secret en avait été bien gardé,
et ce prince, ainsi que les autres citoyens, n'en fut instruit que par l'officiel messager de malheurs, le *Moniteur* du 26 juillet. Le duc se trouvait
dans une position extraordinaire et
des plus délicates; placé presque à
égale distance entre Paris insurgé,
Paris en feu, et la résidence royale
de Saint-Cloud, d'où émanaient les
ordres de tout égorger pour soumet-
tre la cité rebelle. Il est heureux, mais
certes bien étonnant que, dans son
imprévoyance, son inconcevable sécurité, Charles X, entouré de ses
conseillers, n'ait point eu l'idée de
sommer le duc d'Orléans de se rendre à Saint-Cloud, et, en cas de refus, ne l'ait pas fait enlever de sa

maison de campagne, où il se trouvait avec une suite peu nombreuse, sans garde et sans aucun moyen de défense. Le roi était entouré d'hommes qui n'auraient pas mieux demandé que de se charger d'une pareille mission; elle leur aurait offert à la fois l'occasion de prouver leur zèle au maître et de satisfaire, sans péril, à des sentimens long-temps comprimés.

De cruels embarras furent par cet insigne oubli épargnés aux patriotes qui, au milieu du feu des trois journées, avaient déjà tourné leurs regards vers Neuilly et formé des vœux pour posséder le duc d'Orléans à leur tête. Des amis dévoués surent cependant faire parvenir jusqu'à lui d'utiles avertissemens, et bientôt la victoire rendit les communications plus faciles. Après avoir reçu deux députations

des membres de la seconde chambre
réunis à Paris, le prince revint lui-
même en cette ville dans la soirée
du 3o et reçut, le lendemain, au Palais-
Royal une députation plus nombreuse,
à laquelle s'étaient joints quelques
membres de la chambre des pairs ;
elle venait offrir au prince de prendre
en mains les rênes du gouvernement
avec le titre provisoire de lieutenant-
général du royaume : le prince en
accepta les fonctions, et bientôt on
lut avec une satisfaction générale, af-
fichée sur les murs de la capitale, la
proclamation suivante :

« Habitans de Paris. Les députés
« de la France, en ce moment réunis,
« à Paris, m'ont exprimé le désir que
« je me rendisse dans cette capitale
« pour y exercer les fonctions de

« lieutenant-général du royaume. Je
« n'ai pas balancé à venir partager
« vos dangers, à me placer au milieu
« de votre héroïque population, et à
« faire tous mes efforts pour vous
« préserver des calamités de la guerre
« civile et de l'anarchie. En rentrant
« dans la ville de Paris, je portais avec
« orgueil ces couleurs glorieuses, que
« nous avons reprises et que j'ai moi-
« même long - temps portées. Les
« Chambres vont se réunir; elles avi-
« seront au moyen d'assurer le règne
« des lois et le maintien des droits de
« la nation.

« La Charte sera désormais une vé-
« rité.

« Louis-Philippe d'ORLÉANS. »

Le poste que ce prince avait accepté ne devait être rempli par lui

que jusqu'au moment où les vœux
du peuple français, pour la succession
au trône vacant, pourraient être ex-
primés par les représentans de la nation réunis dans les deux chambres.
La lieutenance-générale ne fut mar-
quée par aucun événement de quelque
importance, si ce n'est l'expédition
populaire sur Rambouillet. La cour
et l'armée royale se retiraient vers ce
point, où l'on espérait pouvoir tenir
encore quelques instans. Charles X
et son fils, le vainqueur de l'Espagne,
avaient encore à leur disposition une
force militaire de douze mille hommes, dont trois beaux régimens de
cavalerie et quarante pièces de canon.
La Vendée et les provinces de l'Ouest,
avec lesquelles on était entré en communication, pourraient, à ce qu'on
crut, être soulevées ; mais ce dernier

projet de guerre civile manqua par la promptitude avec laquelle les hommes des barricades se précipitèrent sur Versailles et Rambouillet. L'armée parisienne, commandée par le général Pajol avec le colonel Jacqueminot pour chef d'état-major, n'avait ni artillerie ni cavalerie; elle offrait un aspect bizarre par la diversité d'armes, de costumes, et par la multitude de voitures de toute espèce, omnibus, fiacres, cabriolets, qui transportaient une partie des combattans. On n'était pas cependant sans inquiétude à Paris; cette masse de patriotes, dont la formation avait été si spontanée et dont l'armement était si incomplet, aurait pu être attaquée avec un bien grand avantage dans les plaines de Rambouillet par les troupes réglées de la garde, infanterie et cavalerie;

elle pouvait se voir foudroyée par l'artillerie royale. Heureusement le choc redouté n'eut point lieu ; à la première nouvelle de l'approche des Parisiens (auxquels un corps de deux mille Rouennais , des patriotes de Louviers, Elbeuf et du Hâvre se joignirent en route), la terreur de la cour fut grande ; elle consentit à tout ce que les commissaires du gouvernement provisoire , MM. Maison , Odilon-Barrot et de Schonen vinrent lui proposer. Charles X restitua les diamans de la couronne qu'il emportait avec lui dans sa fuite , et se rendit à petites journées avec sa famille à Cherbourg, où il s'embarqua pour l'Angleterre , délivrant à jamais la France de sa présence[1].

(1) En débarquant sur le rivage anglais , Charles X dit à l'officier de marine français qui

Ainsi finit le drame de la seconde restauration. Les Suisses, les officiers

l'avait escorté : « Adieu, capitaine, nous nous « reverrons bientôt. — Je ne pense pas, répon- « dit le capitaine Durville, que mes affaires me « rappellent de long-temps en Angleterre. »

Voici quelques détails publiés dans le temps sur le voyage de l'ex-monarque :

Charles X a enfin quitté le sol de la France, et sans laisser après lui aucun de ces sentimens qui permettent l'espérance du retour. Partout il a rencontré sur son passage une nation grande et dédaigneuse qui trouve dans sa grandeur même et dans la chute profonde de l'ennemi qu'elle a vaincu des motifs de calme et de générosité. Quelques larmes de femme, quelques témoignages d'une pitié stérile, se perdaient au milieu d'un vaste silence de réprobation et parmi les marques universelles d'une indifférence calme et sévère. En vain l'ex-roi traversait avec une lenteur affectée les contrées où jadis de nombreux défenseurs s'étaient armés pour

et soldats de la garde royale, ainsi que
des corps de la ligne soumis à la dis-

sa famille, où le sang royaliste avait coulé par
torrens, où sa présence inutilement attendue
aurait pu donner la victoire à ceux qu'il avait
laissé mourir pour sa cause ; en vain il étalait
devant ces populations le spectacle toujours at-
tendrissant des grandes infortunes, de la vieillesse déchue, de l'enfance vouée à un irrépa-
rable malheur ; rien n'a ému des cœurs ulcérés
par un règne dont le long avilissement venait
de se terminer dans le sang, et qui ne pro-
mettait à la France qu'un avenir honteux et
sinistre. Arrivé aux frontières de la patrie et au
terme de ses espérances, Charles n'a pas osé
s'arrêter dans la dernière ville française que ses
pas venaient fouler ; il a traversé Cherbourg en
fugitif, suivi d'un reste d'appareil militaire qui
ressemblait à une pompe funèbre, accompagné
d'une troupe harassée qui marchait par un reste
de devoir et qui aspirait au moment de rentrer
dans ses foyers ; abandonné des ministres qui

cipline militaire et qui ne purent se soustraire aux ordres de leurs chefs,

l'avaient poussé dans ce dernier exil, et environné d'une famille au désespoir. Désespoir inutile qui n'inspirait aucune sympathie, car, parmi tous ces gémissemens excités par la perte du trône, par la colère de la défaite, par l'humiliation d'un despotisme vaincu, il n'y avait pas une larme pour le remords ni pour le sang versé. Rien n'avait encore dissipé ce profond aveuglement, ce vertige meurtrier qui s'étaient emparés des membres de cette famille; ils s'en vont couverts du sang du peuple, et avec les mêmes passions, la même soif de despotisme, la même haine de la liberté qui leur ont conseillé le parjure et le carnage. Vingt-cinq ans de malheurs, quinze ans de prospérités ne leur avaient rien appris. Tels ils étaient en 1789; le peuple seul a fait des progrès. Quel beau spectacle de force et de magnanimité donné par lui en 1830 !

Nous tenons d'un témoin oculaire que jus-

avaient combattu la plupart à regret,
pour une déplorable cause. Ce sont eux

qu'à Saint-Lô Charles X et sa cour ont été dans
une perpétuelle illusion sur l'état des populations de la France : depuis le départ de Saint-
Cloud on a conservé l'espoir d'être secondé et
enlevé, soit par des troupes régulières qu'on
disait toujours prêtes à opérer un mouvement,
soit par des paysans de Bretagne ou de Basse-
Normandie, accourant la croix vendéenne sur
le cœur. Lorsque le Dauphin, sur l'invitation
des commissaires, eut dissout les corps de la
garde royale à Chartres, il dit tout haut aux
officiers : « Je vous remercie, messieurs, nous
nous reverrons bientôt ». Les gardes-du-corps
ont été dans une complète ignorance du mouvement de Paris. Lorsque les grandes journées
de juillet commencèrent dans la capitale, on
ordonna aux gardes de faire filer leurs armes
et leurs chevaux sur Saint-Cloud et de les rejoindre en bourgeois. Arrivé au château, le
Dauphin leur dit : « Demain le roi rentrera

qui ont versé leur sang dans cette terrible lutte contre le peuple. Quant

dans Paris, et nous ferons fusiller les canailles
qui ont fait cette échauffourée. « Ce n'est qu'à
Chartres qu'ils ont appris quelques-uns des
événemens; mais on leur parlait de la proclamation du duc de Bordeaux comme roi; on
n'était occupé que de la nouvelle étiquette pour
la royauté improvisée de l'élève de MM. Tha-
rin et de Damas, et de savoir dans quel ordre
et comment on traiterait les divers membres de
la famille royale. Jusqu'à ce que les commissaires du gouvernement aient pu organiser un
service régulier, l'escorte du roi n'a pas mangé;
les officiers et les gardes-du-corps sont restés
quarante-huit heures sans prendre aucune espèce de nourriture, toujours à cheval; l'ex-roi
disait tout bas aux officiers : « Cela ne durera
pas, vous verrez bientôt ! » Ces espérances ne
se sont pas réalisées et l'on est arrivé à Saint-Lô
sans rien voir de tant de choses promises. On a
pu dès lors remarquer un plus grand abatte-

aux héros de la légitimité rentrée, les défenseurs nés de la couronne, ces

ment dans la physionomie du roi et de sa famille, excepté le duc d'Angoulême qui n'a pas cessé son béat sourire, même au moment de s'embarquer sur le paquebot. Depuis Saint-Lô, l'escorte s'était considérablement affaiblie ; plusieurs des gardes-du-corps et des gendarmes de chasse l'avaient abandonnée, épuisés qu'ils étaient de tant de privations ; d'autres n'avaient plus de chevaux, la plupart s'étaient débarrassés de leurs casques lourds et fatigans, et s'étaient coiffés d'un simple bonnet de police ; ces figures pâles, couvertes de poussière et de sueur, contrastaient avec la pompe des voitures dorées et les nombreux fourgons des cuisiniers. Arrivé à Cherbourg, on comptait encore dans l'escorte sept cent cinquante hommes présens. Ils se sont réunis sur le port au moment de l'embarquement de l'ex-roi. La duchesse de Berry a donné sa main à baiser à tous les officiers, et elle en a embrassé plusieurs. La duchesse d'Angoulême

seigneurs qui devaient mourir sur les
marches du trône, et, au moindre dan-

a fait également ses adieux, mais avec moins de
larmes et de sensibilité. L'ex-roi paraissait af-
fecté ; toutefois, jusqu'au dernier moment, les
règles de l'étiquette ont été en tout point ac-
complies : c'était la préoccupation de toute cette
cour.

D'une première voiture sont d'abord descendus M. de Damas, M. de Mesnard, M$_{me}$ de
Gontaut et le duc de Guiche. Ils ont gagné pré-
cipitamment le navire. M$_{me}$ de Gontaut s'est
arrêtée devant M. le maréchal Maison, et lui
a dit : « Qu'il est cruel, M. le maréchal, de
quitter la France ! » Les yeux de M$_{me}$ de Gontaut étaient remplis de larmes, et sa figure an-
nonçait la plus profonde douleur.

La voiture royale contenait Charles X vêtu
d'un simple frac bleu, le dauphin en redingote
olive, avec un chapeau gris sur la tête ; la dauphine, plus que simplement habillée ; le duc de
Bordeaux et Mademoiselle, la duchesse de

ger, couvrir de leurs corps la personne
sacrée de leur maître, il n'est point

Berry, coiffée d'un chapeau d'homme et revê-
tue d'une amazone. Le duc de Bordeaux est
descendu le premier, le Dauphin le conduisait,
il donnait le bras à la Dauphine, dont les traits
étaient altérés au-delà de toute expression. La
figure de Charles X. était abattue, ses yeux
étaient fatigués, mais il conservait du calme.

Parmi les personnes qui accompagnaient l'ex-
roi, on a remarqué le duc de Raguse, le duc
Armand de Polignac, le duc de Guiche, Mme de
Bouillé, et quelques officiers de la maison. Il y
avait en tout soixante personnes de marque.
M. le général Talon, qui a fait préparer les lo-
gemens, est reparti pour Paris aussitôt après
l'embarquement.

Les bâtimens ont pris la mer à deux heures
précises. Le pilote qui a conduit le paquebot
hors du port est revenu vers sept heures, et a
rapporté qu'au moment où les princes ont vu
s'éloigner les côtes de France, ils se sont aban-

parvenu à notre connaissance qu'un seul ait succombé dans la lutte des

donnés à la douleur la plus vive, et ont répandu des larmes abondantes. Charles X paraît être celui qui a montré le plus de résignation.

Aucun ministre ne se trouvait avec la famille royale.

Au moment où Charles X a traversé les rues de Cherbourg, toutes les fenêtres des maisons lui avaient laissé voir les pavillons tricolores qui avaient été arborés pour célébrer l'avénement de Louis-Philippe. Plusieurs des personnes de la suite du roi avaient encore la cocarde blanche. Ce signe, que les massacres de Paris ont rendu si odieux, a provoqué des cris de réprobation au milieu de la foule; mais les murmures se sont apaisés quand on a assuré aux habitans que, dès que l'ex-roi serait embarqué, les hommes qui portaient encore la cocarde blanche la remplaceraient par les couleurs nationales.

La figure du Dauphin se faisait remarquer par le contraste qu'elle offrait avec l'expression

trois journées. Leur courage, si bouil-
lant au cabinet, aux Tuileries, ou
dans les salons ministériels, s'est re-
froidi devant les barricades. Ils se sont
réservés sans doute pour de meilleures occasions : c'est parmi les étran-

douloureuse des autres membres de la famille
déchue; ses yeux clignotant, sa bouche, son
nez en perpétuelle contraction, donnaient à sa
physionomie un air de joie que les spectateurs
ne pouvaient concevoir. Un officier, arrivant de
Paris, s'approche de lui : « Eh bien! lui dit-il,
est-on tranquille là-bas? — Oui, monseigneur,
parfaitement tranquille. — Ah! ah! ah! et les
barricades, eh? — Il n'en reste plus de traces.
— Ah! ah! ah! ils n'ont donc plus peur! Et le
Dauphin de s'agiter, de sauter, comme si cette
nouvelle lui faisait le plus grand plaisir. Mme la
Dauphine, qui comprenait sans doute ce qu'un
pareil interrogatoire avait de pénible pour l'ex-
roi et les autres membres de la famille, y mit
fin brusquement en congédiant l'officier.

gers, à Édimbourg, Turin, Nice ou
Fribourg qu'on les retrouvera en action ; et c'est aux feuilles de ces pays
à citer leurs noms et leurs hauts faits.
Pour nous , il nous est impossible de
désigner ici, parmi nos adversaires au
combat , un seul de ces personnages
illustres à noms antiques, et de relater
quelque acte de dévouement courageux, à l'heure du danger, parmi les
grands instigateurs du coup d'état.

Le 3 août, se fit l'ouverture de la
session des deux Chambres. Ce n'é-
tait point une séance royale , car on
n'y voyait pas de ministres ni de gens
de cour. Les tribunes publiques étaient
occupées de bonne heure en partie
par des dames, derrière lesquelles se
trouvaient debout quelques-uns des
jeunes héros de l'école polytechnique,
qui avaient si vaillamment combattu

et si bien dirigé les attaques populaires, véritables généraux de vingt ans,
comme l'a si bien dit notre poète national.

A une heure précise, une salve de
vingt et un coups de canon et le rou-
lement des tambours de la garde nationale annoncèrent l'arrivée du duc
d'Orléans, revêtu de l'uniforme d'officier général et décoré du seul cordon
de la Légion-d'Honneur; le prince
fut accueilli à l'entrée de la salle par
des applaudissemens universels auxquels succéda bientôt le plus profond
silence. D'une voix d'abord émue, il
prononça le discours suivant :

« Messieurs les pairs et messieurs
les députés, Paris, troublé dans son
repos par une déplorable violation de
la Charte et des lois, les défendait
avec un courage héroïque. Au milieu

de cette lutte sanglante, aucune des
garanties de l'ordre social ne subsis-
tait plus : les personnes, les propriétés, les droits, tout ce qui est précieux
et cher à des hommes et à des citoyens,
courait les plus grands dangers. Dans
cette absence de tout pouvoir public,
le vœu de mes concitoyens fut tourné
vers moi; ils m'ont jugé digne de
concourir avec eux au salut de la patrie; ils m'ont invité à exercer les
fonctions de lieutenant-général du
royaume. Leur cause m'a paru juste,
les périls immenses, la nécessité impérieuse, mon devoir sacré. Je suis
accouru au milieu de ce vaillant peuple, suiv ide ma famille et portant ces
couleurs qui, pour la seconde fois,
ont marqué parmi nous le triomphe
de la liberté. Je suis accouru ferme-
ment résolu à me dévouer à tout ce

que les circonstances exigeraient de
moi dans la situation où elles m'ont
placé, pour rétablir l'empire des lois,
sauver la liberté menacée et rendre
impossible le retour de si grands
maux, en assurant à jamais le pouvoir
de cette Charte dont le nom invoqué
pendant le combat l'était encore après
la victoire.

« Dans l'accomplissement de cette
noble tâche, c'est aux Chambres qu'il
appartient de me guider. Tous les
droits doivent être solidement garantis, toutes les institutions nécessaires
à leur plein et libre exercice doivent
recevoir les développemens dont elles
ont besoin. Attaché de cœur et de
conviction aux principes d'un gouvernement libre, j'en accepte d'a-
vance toutes les conséquences. Je
crois devoir appeler dès aujourd'hui

votre attention sur l'organisation des gardes nationales, l'application du jury aux délits de la presse, la formation des administrations départementales et municipales, et, avant tout, sur cet article 14 de la Charte qu'on a si odieusement interprété.

« Le passé m'est douloureux ; je déplore des infortunes que j'aurais voulu prévenir ; mais, au milieu de ce magnanime élan de la capitale et de toutes les cités françaises, à l'aspect de l'ordre renaissant avec une merveilleuse promptitude, après une résistance pure de tout excès, un juste orgueil national émeut mon cœur, et j'entrevois avec confiance l'avenir de la patrie.

« Oui, messieurs, elle sera heureuse et libre cette France qui nous est si chère ; elle montrera à l'Europe,

qu'uniquement occupée de sa prospérité intérieure, elle chérit la paix aussi
bien que les libertés, et ne veut que
le bonheur et le repos de ses voisins.

« Le respect de tous les droits, le
soin de tous les intérêts, la bonne foi
dans le gouvernement, sont le meilleur moyen de désarmer les partis et
de ramener dans les esprits cette confiance, dans les institutions cette sta-
bilité, seuls gages assurés du bonheur
des peuples et de la force des États.

« Messieurs les pairs et messieurs
les députés, aussitôt que les Chambres seront constituées, je ferai porter
à votre connaissance l'acte d'abdication de S. M. Charles X ; par ce même
acte S. A. R. Louis-Antoine de France,
dauphin, renonce également à ses
droits. Cet acte a été remis entre mes
mains hier, 2 août, à onze heures du

soir : j'en ordonne ce matin le dépôt dans les archives de la chambre des pairs et je le fais insérer dans la partie officielle du *Moniteur*. »

C'est avec une gravité noble, et comme un homme sincèrement préoccupé des destinées de la France et digne de les comprendre, que le duc d'Orléans prononça ce discours. Des salves d'applaudissemens couvrirent les passages où ce prince parla de la nécessité de la bonne foi, et flétrit l'article 14 de la Charte qu'on a si *odieusement interprété*, dit-il avec un accent très énergique. La nouvelle de l'abdication de Charles X et de son fils produisit peu de sensation ; elle était déjà connue, et la cession d'un trône, qu'on ne possédait plus et qu'on n'avait pas les moyens de reconquérir, était un acte sans importance, bon en effet pour être enseveli dans la poussière des archives avec ceux des Chilpéric et des Louis-le-Hutin.

Au reste, il n'y eut point, pendant cette première séance de la nouvelle Chambre, de ces exclamations fanatiques, de ces vociférations dont les hommes de la droite saluaient précédemment les plus odieuses proclamations du pouvoir absolu. Le public était calme comme la force, majestueux et réservé dans la victoire. Une foule immense couvrait la place et les quais voisins de la Chambre ainsi que le pont de la Concorde; partout régnait le plus grand ordre; les citoyens, armés ou désarmés, s'empressaient de réprimer eux-mêmes le moindre cri offensif et la plus légère provocation à la licence. Le lieutenant-général du royaume sortit au milieu des députés qui le conduisirent jusqu'à sa voiture, et partout, sur son passage, il fut salué par les acclamations du peuple.

Madame la duchesse et mademoiselle d'Orléans visitèrent le même jour les hôpitaux où étaient les blessés des trois journées, et leur portèrent d'abondans secours et des paroles de consolation.

Dans la séance du 7 août, la Chambre des députés, sur la proposition d'une commission de ses membres, porta le décret suivant : « La Chambre des députés, prenant en considération l'impérieuse nécessité qui résulte des événemens des 26, 27, 28 et 29 juillet dernier et jours suivans, et de la situation générale où la France s'est trouvée placée par suite de la violation de la Charte constitutionnelle;

« Considérant en outre que, par

suite de cette violation et de la résistance héroïque des citoyens de Paris,
S. M. Charles X, S. A. R. Louis-Antoine, dauphin, et tous les membres
de la branche aînée de la maison
royale sortent en ce moment du territoire français,

« *Déclare que le trône est vacant en
fait et en droit et qu'il est indispensable
d'y pourvoir.*

« La Chambre des députés déclare
secondement que, selon le vœu et
dans l'intérêt du peuple français, le
préambule de la Charte constitutionnelle est supprimé comme blessant
la dignité nationale en paraissant octroyer aux Français des droits qui leur
appartiennent essentiellement, et que
les articles suivans de la même Charte
doivent être supprimés ou modifiés
de la manière qui va être indiquée.

(Suivent les suppressions et modifications qui ont été réglées pour la
Charte de 1830.)

« Moyennant l'acceptation de ces
dispositions et propositions, la Chambre des députés déclare enfin que l'intérêt universel et pressant du peuple français appelle au trône S. A. R. LOUIS-
PHILIPPE D'ORLÉANS, *duc d'Orléans*, lieutenant-général du royaume,
et ses descendans à perpétuité, de
mâle en mâle, par ordre de primogé-
niture, et à l'exclusion perpétuelle
des femmes et de leur descendance.

« En conséquence, S. A. R. Louis-
Philippe d'Orléans, *duc d'Orléans*,
lieutenant-général du royaume, sera
invité à accepter et à jurer les clauses
et engagemens ci-dessus énoncés,
l'observation de la Charte constitutionnelle et des modifications indi-

23.

quées, et, après l'avoir fait devant les Chambres assemblées, à prendre le titre de Roi des Français. »

Immédiatement après l'adoption de cette déclaration, la Chambre se rendit en corps chez le lieutenant-général du royaume pour lui présenter la résolution importante qu'elle venait de prendre. Voici la réponse que fit ce prince aux députés :

« Je reçois avec une profonde émotion la déclaration que vous me présentez ; je la regarde comme l'expression de la volonté nationale, et elle me paraît conforme aux principes politiques que j'ai professés toute ma vie.

« Rempli de souvenirs qui m'avaient toujours fait désirer de n'être jamais destiné à monter sur le trône, exempt d'ambition et habitué à la vie paisible que je menais dans ma famille, je ne puis vous cacher tous les sentimens qui agitent mon cœur dans cette grande conjoncture ; mais il en est un qui les domine tous, c'est l'amour de mon pays ; je sens ce qu'il me prescrit et je le ferai. »

Dans la soirée, plus de quatre-vingts pairs de France, ayant à leur tête M. le baron Pasquier, présentèrent au duc d'Orléans leurs hommages et leur adhésion à la déclaration de la Chambre des députés. Le chef de cette députation s'exprima ainsi :

« La Chambre des pairs vient présenter à Votre Altesse Royale l'acte qui doit assurer nos destinées. Vous avez autrefois défendu, les armes à la main, nos libertés encore nouvelles et inexpérimentées; aujourd'hui, vous allez les consacrer par les institutions et les lois. Votre haute raison, vos

penchans, le souvenir de votre vie entière nous promettent un roi-citoyen.
Vous respecterez nos garanties qui
sont aussi les vôtres. Cette noble famille que nous voyons autour de vous,
élevée dans l'amour de la patrie, de la
justice et de la vérité, assurera à nos
enfans la paisible jouissance de cette
Charte que vous allez jurer et les
bienfaits d'un gouvernement à la fois
stable et libre. »

Enfin la journée du 9 août vint
fixer le sort du prince et de la France.
Dès le matin, les avenues du palais de
la chambre des députés étaient remplies d'une foule immense. A midi les
portes s'ouvrirent, et bientôt les tribunes publiques furent envahies par
un grand nombre de dames. Aucun
changement important n'avait été fait
dans la salle. L'espace ordinairement

occupé par la tribune était remplacé par une estrade surmontée d'un dais qu'ombrageaient des drapeaux tricolores. Trois plians étaient placés en avant du fauteuil qui devait servir de trône, à la gauche duquel on voyait une petite table avec un encrier, tandis qu'une autre table placée à droite supportait une couronne, une épée, une main de justice et les autres attributs de la souveraineté. La tribune diplomatique était entièrement remplie ; on y voyait plusieurs dames parées d'écharpes et de guirlandes tricolores.

A deux heures, madame la duchesse d'Orléans, suivie de sa famille, vint prendre place dans la tribune qui lui était réservée. Tous les regards de l'assemblée se portèrent vers cette princesse, et bien des voix s'exprimè-

rent en termes flatteurs sur la dignité
et la modestie de l'auguste personne
que cette séance allait proclamer reine
des Français.

A deux heures et demie, le bruit du
canon et le chant de *la Marseillaise*
annoncèrent l'arrivée du lieutenant-
général. Il était précédé par quatre
maréchaux de France et suivi de ses
deux fils aînés, le duc de Chartres et
le duc de Nemours. Les maréchaux
se tinrent à côté du trône, les pairs
et les députés étaient debout et dé-
couverts, le prince se plaça sur le
siége qui était devant le trône, et ses
fils sur les deux autres à ses côtés. Le
plus profond silence s'étant établi dans
l'assemblée, le duc d'Orléans dit :

« Monsieur le président de la Chambre des députés, veuillez donner
lecture de la déclaration de la Cham-

bre. » M. Casimir Perrier s'avança au pied de l'estrade et lut d'une voix ferme cette déclaration avec les modifications apportées à la Charte. Le duc d'Orléans ajouta : « Monsieur le président de la Chambre des pairs, veuillez me remettre l'acte d'adhésion de la Chambre. » M. Pasquier remit cet acte et le prince reprenant la parole s'exprima en ces termes :

« Messieurs les pairs, messieurs les députés, j'ai lu avec une grande attention la déclaration de la Chambre des députés et l'adhésion de la Chambre des pairs ; j'en ai pesé, médité toutes les expressions. J'accepte, sans restriction ni réserve, les clauses et engagemens que renferme cette déclaration, et le titre de roi des Français qu'elle me confère, et je suis prêt à en jurer l'observation. »

A ces mots, le duc d'Orléans s'est découvert et, debout, la main levée, il a prononcé d'une voix ferme et sonore la formule du serment devant l'assemblée, qui s'était levée par un mouvement spontané.

« En présence de Dieu, je jure d'observer fidèlement la Charte constitutionnelle avec les modifications exprimées dans la déclaration ; de ne gouverner que par les lois et selon les lois ; de faire rendre bonne et exacte justice à chacun selon son droit, et d'agir en toutes choses dans la seule vue de l'intérêt, du bonheur et de la gloire du peuple français. »

A peine ces derniers mots furent-ils prononcés qu'un cri universel de *Vive le roi !* ébranla les voûtes de la salle. Les pairs et les députés agitèrent leurs chapeaux, les tribunes répondirent à

ces acclamations par des cris de *Vive
le roi! vive la famille royale!* l'émotion fut à son comble. Quelques larmes s'échappèrent des yeux de la
reine, dont les regards s'arrêtèrent
avec attendrissement sur son époux.
Le roi répondit à ces félicitations de
la manière la plus gracieuse et la plus
cordiale; ses deux fils saluèrent l'assemblée avec reconnaissance. Pendant ce temps, le nouveau monarque
s'avança vers la table placée à sa gauche, et M. le commissaire du dépar-
ment de la justice lui présenta la
plume pour signer l'acte d'acceptation de la constitution et de la couronne. Les maréchaux lui présentèrent l'épée et la main de justice. Ces
formalités remplies, le roi prit place
sur son trône et prononça le discours
suivant :

« Messieurs les pairs et messieurs
les députés, je viens de consommer
un grand acte. Je sens profondément
toute l'étendue des devoirs qu'il
m'impose. J'ai la confiance que je les
remplirai. C'est avec pleine conviction que j'ai accepté le pacte d'alliance
qui m'était proposé.

« J'aurais vivement désiré ne jamais occuper le trône auquel le vœu
national vient de m'appeler; mais la
France, attaquée dans ses libertés,
voyait l'ordre public en péril; la violation de la Charte avait tout ébranlé;
il fallait rétablir l'action des lois, et
c'est aux Chambres qu'il appartenait
d'y pourvoir. Vous l'avez fait, messieurs. Les sages modifications que
nous venons de faire à la Charte ga-
rantissent la sécurité de l'avenir, et
la France, je l'espère, sera heureuse

au dedans, respectée au dehors, et la paix de l'Europe de plus en plus affermie. »

De nouvelles acclamations succédèrent à ce discours. L'assemblée tout entière se leva, le roi descendit lentement des degrés du trône, et, à sa sortie du palais de la Chambre, la foule s'empressait sur son passage et paraissait dans l'ivresse de la joie. Le peuple encombrait le quai d'Orsay, les murs, les fenêtres, les toits des maisons voisines. Le roi, à cheval, sans autre escorte que ses deux fils et quelques officiers d'état-major, saluait affectueusement. Plusieurs personnes s'approchaient de lui et lui serraient la main; d'autres prenaient les mains de ses enfans. Les princesses suivaient le cortége dans une voiture découverte attelée de deux chevaux;

les mêmes acclamations les accompa-
gnèrent jusqu'au Palais-Royal.

Le procès-verbal de la séance
royale apprit au public que le nouveau roi, ne voulant pas des noms de
Louis XIX ni de Philippe VII, qui rap-
pelaient l'ancien régime et qui lui
avaient été proposés, prenait le nom
et le titre de LOUIS-PHILIPPE PREMIER,
ROI DES FRANÇAIS.

Tels furent les événemens de la
glorieuse journée du 9 août 1830, une
de ces journées qui jettent un long
éclat dans les siècles et qui décident
de la destinée des empires. C'est à
dater de ce jour que nous sommes
entrés dans l'ère du gouvernement
représentatif; non ce régime bâtard,
enté sur le droit divin, interprété par
la contre-révolution pour servir de
transition au pouvoir absolu, mais un

vrai système constitutionnel, fondé sur un pacte voté par la nation, accepté par le prince. Le nouveau roi a juré d'observer ce pacte; il l'a juré avec énergie, avec l'accent d'une conscience profondément pénétrée. Ce n'est point là un serment mystique prêté entre les mains d'un prêtre, et qu'un prêtre peut toujours annuler au nom du ciel; c'est le serment d'un prince honnête homme, prononcé à la face d'une nation loyale et généreuse. Cet engagement solennel est pur des arrière-pensées et des subtilités jésuitiques; il sera gardé aussi fidèlement que celui qui a été pris par la nation envers son nouveau roi. Les souvenirs de la vieille monarchie sont répudiés; ce n'est point un continuateur de l'ancienne dynastie, un oint de la sainte-ampoule, qui monte sur le trône ; c'est le premier roi élu par le vœu du peuple ; c'est le chef d'une dynastie nouvelle ; et les Français qui l'ont choisi peuvent se dire, en le montrant avec quelque orgueil aux autres nations, qu'après avoir vu tous leurs droits méconnus et violés par un parjure, ils ont, dans leur juste courroux, précipité cet indigne monarque du trône, pour y placer aussitôt le meilleur de leurs citoyens.

Voici, nous osons l'espérer, la fin de nos révolutions. Après quarante années d'efforts, de combats et une éclatante victoire, nous devons être arrivés au but que nous ambitionnions. Nous avons posé les bases d'un gouvernement qui doit nous garantir également de l'anarchie et de la servitude ; il ne reste plus qu'à affermir ce qui a été si glorieusement fondé.

C'est maintenant le zèle, l'accord, le désintéressement des bons citoyens qui doivent consolider l'ouvrage commencé par l'héroïsme du peuple. Cette révolution de juillet 1830 sera ainsi le complément définitif d'un autre mémorable juillet, et le patriote de 89, qui voit tous ses vœux satisfaits, peut aujourd'hui s'écrier comme le vieillard Siméon, *nunc dimittis....*

Ici se termine aussi la tâche que nous avons entreprise. Qu'un peintre plus habile fasse succéder à notre légère esquisse un beau tableau d'histoire. Un bon roi ne manquera pas sans doute d'historiens éloquens. Quant à nous, simples narrateurs de faits bien connus, qui presque tous se sont passés sous nos yeux et auxquels nous avons plus ou moins pris part, nous ne sommes point entrés dans la carrière du panégyrique. Ce n'est pas d'ailleurs sur les deux premières années d'un règne, qui heureusement promet une longue durée, qu'on peut bien juger un système entier et en parler avec convenance. Plus d'un écrivain de la génération qui s'élève s'en chargera. Puisse-t-il, dans tout ce dont l'impénétrable avenir dispose, n'avoir que d'heureux événemens à rapporter, de ces faits qui ajoutent à la gloire du prince et assurent le bien-être du peuple, liens devenus maintenant inséparables !

Nous consacrerons nos dernières pages aux personnes qui appartiennent de plus près à notre roi-citoyen. Nous honorons d'abord à côté du trône l'auguste sœur du monarque, sa première amie, sa fidèle et courageuse compagne dans l'une et l'autre fortune.

S. A. R. Madame Eugénie-Louise-Adélaïde *d'Orléans*, naquit à Paris, le 23 août 1777. Elle était jumelle d'une autre sœur, son aînée d'une demi-heure, qui mourut des suites de la rougeole, le 1er février 1782. Les premiers soins de son éducation furent confiés, ainsi que celle de ses frères, à madame la comtesse de Genlis, qui resta long-temps sa gouvernante. Quelque temps après la révolution de 89, la princesse fit avec cette dame un voyage en Angleterre, où son séjour se trouva prolongé, nous ignorons par quels motifs, bien au-delà du terme qui avait été fixé par le duc d'Orléans père. Des lois sévères contre les émigrés avaient été portées par la Convention nationale, et la jeune princesse, ainsi que sa gouvernante, à leur retour en France, au mois de novem-

bre 1792, se trouvèrent inscrites sur
la fatale liste. Obligée de sortir immédiatement de Paris, et de la France
sous peu de jours, Mademoiselle attendit au Raincy l'arrivée de son frère
aîné, qui vint l'y chercher, par ordre
de son père pour la conduire en Belgique. C'était faire de bonne heure l'ap-
prentissage du malheur et subir, bien
jeune, une des peines les plus cruelles
qu'on puisse infliger aux coupables;
elle, qui était si loin d'avoir quelque
chose à se reprocher, fut frappée par
l'exil et séparée de sa famille. La princesse habita pendant plusieurs mois la
ville de Tournay avec sa gouvernante.
Les talens dont elle était heureusement
douée, les arts qu'elle cultivait avec
succès servirent à adoucir les peines
de son injuste exil.

Lorsque l'armée française fut obligée d'évacuer la Belgique, en 1793, après la malheureuse bataille de Nerwinde, le duc de Chartres, ne voulant pas abandonner sa sœur sans appui dans un pays étranger, prit sur lui de la ramener en France, au milieu des troupes qu'il commandait, pour la faire respecter, jusqu'à ce qu'il pût, comme il l'espérait, obtenir sa radiation de la liste des émigrés, sur laquelle elle avait été si injustement portée. Mais le jeune prince, après avoir conduit sa sœur de Tournay à Saint-Amand, apprit qu'il était lui-même frappé d'un décret d'arrestation. Il n'eut alors d'autre parti à prendre que de faire conduire sa sœur et madame de Genlis aux avant-postes autrichiens, et muni des passeports qu'il avait, pour toute faveur, voulu accepter du chef de cette armée, le prince de Saxe-Cobourg, il leur donna rendez-vous en Suisse, où elles furent conduites par le comte Gustave de Montjoye.

Mais, ainsi que nous l'avons déjà dit plus haut, les illustres proscrits, partout poursuivis par les dénonciations des émigrés et les vexations des autorités suisses, virent qu'il leur serait impossible de s'établir tranquillement ensemble dans ces contrées. Il fallut se séparer, et le prince, dont la plus vive sollicitude se portait sur sa jeune sœur, parvint enfin, par l'entremise du général Montesquiou, à la placer avec sa gouvernante dans le couvent de Bremgarten. Elles vécurent quelque temps ignorées dans cette triste retraite. Mais, bientôt découvertes, il leur fallut chercher un nouvel asile. Dans cet embarras, le

prince s'adressa à sa tante, la princesse de Conti, qui habitait Fribourg
et qui voulut bien se charger de mademoiselle d'Orléans, en prenant,
toutefois, de grandes précautions pour
cacher l'intérêt qu'elle prenait à sa
nièce. La comtesse de Pont-Saint-
Maurice, veuve du gouverneur du
duc d'Orléans père, vint chercher la
princesse à Bremgarten, la conduisit
dans un village près du lac de Constance, où elle resta cachée pendant
trois mois; de là, elle entra de nuit à
Fribourg, mais pas encore pour habiter la maison de sa tante. Elle fut
enfermée de nouveau dans un couvent, d'où elle ne sortit pas pendant
deux ans. Ce ne fut qu'à l'époque de
l'entrée en Suisse des armées françaises et lorsque la princesse de Conti
fut obligée de quitter ce pays, que

Mademoiselle sortit de ce couvent pour suivre sa tante d'abord en Bavière et enfin en Hongrie où elles restèrent huit ans ensemble.

En 1800, la princesse apprit l'heureuse arrivée de ses frères en Angleterre et se hâta de leur écrire, en attendant le bonheur de les embrasser. La duchesse, leur mère, venait d'être déportée en Espagne ; elle ne put voir ses fils, qui firent de vains efforts pour être admis dans ce pays ; mais elle put enfin appeler auprès d'elle sa fille, qui quitta la Hongrie et se rendit à Figuières où se trouvait la duchesse douairière d'Orléans. Elle passa quelques années tranquilles, en Espagne, avec sa mère ; mais lorsque les troupes françaises, qui occupaient le château de Figuières, bombardèrent la ville, en 1794, la maison de la duchesse fut

une des premières atteintes, et les
deux princesses furent obligées de se
sauver à pied au milieu de la nuit.
Elles se retirèrent d'abord à Villasac,
dans les montagnes, et ensuite à Tor-
ruella de Mongry. C'est là que mademoiselle d'Orléans reçut de sa mère
l'ordre d'aller rejoindre son frère aîné.
Après l'avoir vainement cherché, à
Gibraltar et à Malte où venait de mourir son frère cadet, le comte de Beaujolais, elle le trouva enfin à Portsmouth, au moment où il était prêt à
s'embarquer pour tenter de nouveau
de revoir sa mère. Mais, ne pouvant
aller directement en Espagne, il fallut
d'abord se rendre à Malte où les communications étaient plus faciles. Mademoiselle d'Orléans s'embarqua avec
lui et arriva dans cette île, en janvier
1809. Après y avoir séjourné pendant

quelques mois, elle s'embarqua de
nouveau pour aller à Mahon chercher
la duchesse sa mère et la conduire à
Palerme, où le mariage du duc d'Orléans avec la princesse des Deux-Siciles devait être célébré. Depuis cette
époque elle n'a point quitté son frère.
Elle est revenue avec lui en France ;
elle l'a suivi à Lille, en 1815, lorsqu'il
fut chargé du commandement général
des départemens du Nord, et en Angleterre, lorsque Louis XVIII eut
quitté le royaume. Elle est rentrée
avec lui une dernière fois dans sa patrie, qu'elle ne peut plus être con-
trainte à abandonner. Enfin, après
tant de traverses et de peines, la fortune a cessé de lui être contraire ; elle
a dû jouir d'un bonheur bien pur en
voyant porter au trône, par le vœu
de ses concitoyens, un frère chéri

et dont elle est si tendrement aimée.

Madame Adélaïde joint à une grande bonté et à toutes les vertus de son sexe un caractère ferme et élevé. Elle a supporté avec courage les longs malheurs dont sa jeunesse a été abreuvée. Sa sensibilité n'en a pas été émoussée; Madame est heureuse quand elle peut maintenant soulager quelque infortune. La bienfaisance est une vertu de famille chez les d'Orléans et les Penthièvre, et elle n'a pas répudié cet héritage. A la cour corrompue de Charles X, on lui reprochait d'avoir des opinions libérales très prononcées, crime irrémissible, et dont on ne concevait pas qu'une princesse pût se rendre coupable. Il appartenait aux bons citoyens de l'en absoudre par leur estime et leur affection.

25.

Ferdinand-Philippe-Louis-Charles-
Henri-Joseph, *duc d'Orléans*, Prince
royal, est né à Palerme le 3 septembre 1810. Il n'avait pas quatre ans
quand il fut amené en France. Il fut
confié à d'habiles instituteurs, et bientôt il montra les plus heureuses dispositions. Il était né prince ; mais son
père, éprouvé si long-temps par l'adversité, voulut, avant tout, lui donner
une éducation forte, une véritable éducation d'homme. Aussi, des études
bien entendues développèrent, de
bonne heure, chez le jeune duc de
Chartres, les facultés de l'esprit, tandis
qu'en même temps la gymnastique,
l'équitation et d'autres exercices salu-
taires développaient ses facultés phy-
siques. Le prince fit de rapides progrès,
et son père vit arriver avec joie le moment de mettre à exécution une idée

aussi noblement que sagement conçue, celle de placer son fils dans un
collége au milieu des fils de ses concitoyens. Ce projet, accompli, excita
grande rumeur au palais des Tuileries
parmi la tourbe des jésuites à robes
longues et à robes courtes ; mais l'ap-
probation de la France éclairée et la
sympathie populaire que fit naître cet
événement purent dédommager le duc
d'Orléans des calomnies jésuitiques.
Laissons parler ici Paul-Louis Cou-
rier, ce bon et franc vigneron, qu'on
n'accusera certes pas de flatterie :

« La jeunesse croît chez nous et voit
croître avec elle les princes ; je dis
avec elle, et je m'entends. Nos enfans, plus heureux que nous, vont
connaître leurs princes élevés avec
eux et en seront connus. Déjà voilà le
fils aîné du duc d'Orléans, je sais cela.

de bonne part, et vous le garantis plus
sûr que si toutes les gazettes le disaient ; voilà le duc de Chartres au
collége, à Paris. Chose assez simple,
direz-vous, s'il est en âge d'étudier :
simple, sans doute, mais nouvelle pour
les personnes de ce rang. On n'a point
encore vu des princes au collége ; celui-ci, depuis qu'il y a des colléges et
des princes, est le premier qu'on ait
élevé de la sorte, qui profite du bien-
fait de l'instruction publique et commune; et de tant de nouveautés écloses
de nos jours, ce n'est pas celle qui doit
le moins surprendre. Un prince étudier, aller en classe ! Un prince avoir
des camarades ! Les princes jusqu'ici
ont eu des serviteurs, et jamais d'autre école que celle de l'adversité, dont
les rudes leçons etaient perdues souvent.

« Isolés à tout âge, loin de toute
vérité, ignorant les choses et les hommes, ils naissaient, ils mouraient dans
les liens de l'étiquette et du cérémo-
nial ; n'ayant vu que le fard et les
fausses couleurs étalés devant eux, ils
marchaient sur nos têtes et ne nous
apercevaient que quand par hasard ils
tombaient. Aujourd'hui, connaissant
l'erreur qui les séparait des nations,
comme si la clé d'une voûte, pour
user de cette comparaison, pouvait en
être hors et ne tenir à rien, ils veulent
voir des hommes, savoir ce que l'on
sait, et n'avoir plus besoin des malheurs pour s'instruire ; tardive résolution, qui, plus tôt prise, leur eût
épargné combien de fautes et à nous
combien de maux ! Le duc de Chartres au collége, élevé chrétiennement
et monarchiquement, mais je pense

aussi un peu constitutionnellement, aura bientôt appris ce qu'à notre grand dommage ignoraient ses aïeux, et ce n'est pas le latin que je veux dire, mais ces simples notions de vérités communes que la cour taît aux princes, et qui les garderaient de faillir à nos dépens. Jamais de dragonnades ni de Saint-Barthélemy, quand les rois, élevés au milieu de leurs peuples, parleront la même langue, s'entendront avec eux sans truchement ni intermédiaires : de jacquerie non plus, de ligues ni de barricades.

« L'exemple ainsi donné par le jeune duc de Chartres aux héritiers des trônes, ils en profiteront sans doute. Exemple heureux autant qu'il est nouveau ! Que de changemens il a fallu, de bouleversemens dans le monde pour amener là cet enfant ! et que dirait le grand roi, le roi des honnêtes gens? Louis-le-Superbe, qui ne put souffrir confondus avec la noblesse du royaume ses bâtards même, ses bâtards! tant il redoutait d'avilir la moindre partie de son sang! Que dirait ce parangon de l'orgueil monarchique, s'il voyait aux écoles, avec tous les enfans de la race sujette, un de ses arrière-neveux, sans pages, ni jésuites, suivre des exercices et disputer des prix, tantôt vainqueur, tantôt vaincu; jamais, dit-on, favorisé ni flatté en aucune sorte, chose admirable au collége même (car où n'entre pas cette peste de l'adulation?), croyable pourtant, si l'on pense que la publicité des cours rend l'injustice difficile, qu'entre eux les écoliers usent peu de complaisance, peu volontiers cèdent l'honneur, non encore exercés

aux feintes qu'ailleurs on nomme dé-
férence, égards, ménagemens, et qu'a
produit l'horreur du vrai ; là , au contraire , tout se dit : toutes choses ont
leur vrai nom et le même nom pour
tous ; là , tout est matière d'instruction , et les meilleures leçons ne sont
pas celles des maîtres. Point d'abbé
Dubois , point de menins ; personne
qui dise au jeune prince : Tout est à
vous ; vous pouvez tout ; il est l'heure
que vous voulez. En un mot , c'est le
bruit commun qu'on élève là le duc de
Chartres comme tous les enfans de son
âge ; nulle distinction , nulle diffé-
rence, et les fils de banquiers, de juges,
de négocians , n'ont aucun avantage
sur lui ; mais il en aura, lui, beaucoup,
sorti de là , sur tous ceux qui n'auront
pas reçu cette éducation ; il n'est, vous
le savez, meilleure éducation que celle

des écoles publiques, ni pire que celle de la cour. »

Le duc de Chartres fit de brillantes études au collége Henri IV. Chaque année, à la distribution des prix, il obtenait des palmes d'autant plus flatteuses qu'elles étaient bien méritées. Jamais fils de simple particulier, jamais jeune homme, cherchant à acquérir des connaissances pour se préparer un heureux avenir, ne travailla avec plus d'ardeur que le jeune prince ; indépendamment des langues anciennes, il apprenait les langues vivantes, l'anglais, l'allemand, l'italien, qu'il parle avec une grande facilité ; il étudiait la physique, les mathématiques et même l'anatomie. Nous l'avons tous vu à l'école de natation, s'exerçant au milieu de nous, causant familièrement avec des camarades, aimant à se mê-

ler à leurs jeux, écoutant avec tant de
bonté les demandes de quelques-uns;
et, quand ces demandes étaient justes,
la réponse favorable ne se faisait guère
attendre. Nommé colonel du 1ᵉʳ régiment de hussards, qui prit le nom de
Hussards de Chartres, c'était un bonheur pour lui de se trouver au milieu
de ses officiers et de ses soldats, qui
savaient bien apprécier les brillantes
qualités du jeune duc. Ce n'était pas,
au fait, un de ces colonels de l'ancien
régime, ne débitant que des phrases
communes, arrangées d'avance par un
gouverneur; c'était un jeune homme
instruit, parlant bien et à propos, agis-
sant par lui-même, et cherchant,
avant tout, à établir entre lui et ses
inférieurs une bienséante égalité,
sans laquelle il n'y a que gêne et embarras.

A l'époque de la révolution de juillet, le duc de Chartres était à Joigny avec son régiment. A la première nouvelle de ce grand événement, il s'empressa de partir pour rejoindre sa famille; mais il ne put arriver jusqu'à Neuilly et fut même arrêté à Montrouge. Là, dans ce moment de crise, les uns voulaient qu'il se mît à la tête du peuple, d'autres disaient qu'il fallait le garder pour ôtage. Enfin, grace aux efforts de quelques personnes dévouées, on le laissa partir et il retourna à son régiment, au milieu de ses compagnons d'armes.

Après la nomination du lieutenant-général du royaume, le prince se mit en route pour Paris avec son régiment. Le duc d'Orléans et le duc de Nemours allèrent à sa rencontre avec un brillant cortége improvisé, et le duc de Char-

tres rentra dans Paris à la tête de ses
hussards, les premiers soldats qu'on ait
revus dans cette ville parés des couleurs
nationales. Il fut salué par les bruyantes
acclamations de tout un peuple. Dans
toutes les circonstances importantes
qui suivirent, on retrouva le duc de
Chartres accessible pour tout le monde,
affable et bienveillant. Devenu duc
d'Orléans, depuis l'élection de son
père fait roi par le choix du peuple,
le jeune Prince royal, placé sur le
premier degré du trône, sut gagner
encore en popularité. Il prit place
dans les rangs de l'artillerie de la garde
nationale parisienne : simple artilleur,
il était le premier aux manœuvres les
plus rudes, et les exécutait avec aptitude et précision. On le vit, au milieu
de ces déplorables émeutes excitées par
des créatures de la branche déchue,

payer courageusement de sa personne
et faire rentrer dans le devoir une foule
égarée à laquelle il adressait quelques-
unes de ces paroles qui vont au cœur.
A l'époque de l'insurrection de Lyon,
il partit pour cette ville, accompagné
du maréchal Soult, ministre de la
guerre; et bientôt sa présence et ses
discours y ramenèrent l'ordre et le
calme. Là, comme à Paris, il sut se
concilier le respect et l'affection de
tout un peuple. Il entreprit, quelque
temps après, un voyage dans le Midi,
et partout il fut accueilli avec enthousiasme. En décembre 1831, il fut nommé maréchal-de-camp. Le duc d'Orléans, par un motif bien honorable, a
refusé la grand'croix de l'ordre de la
Légion-d'Honneur, ne voulant pas,
a-t-il dit, porter une décoration avant
de l'avoir bien méritée. Bel exemple

donné par un prince ! Il l'aura bientôt
gagnée, sans doute, cette distinction,
car c'est à l'avant-garde de nos armées
qu'il se place quand la paix de son pays
menace d'être troublée ; mais, avant
tout, qu'il se conserve pour la France,
pour la patrie qui le regarde avec tant
d'espoir et d'orgueil.

Louis-Charles-Philippe-Raphaël
d'Orléans, DUC DE NEMOURS, est né à
Paris, le 25 octobre 1814. Il n'avait
que quelques mois à l'époque du débarquement à Cannes en 1815, lorsque sa famille se vit de nouveau forcée de quitter la France. Mais cet exil
ne fut pas de longue durée, et il revint bientôt avec ses parens dans une
patrie qu'il ne doit plus quitter. Comme
son frère aîné, le duc de Nemours a
reçu l'éducation la plus libérale. Il a
suivi tous les cours du collége Henri IV,

où ses progrès furent rapides. Ce jeune
prince est doué du plus heureux naturel. Dans toutes les occasions importantes, on l'a vu aux côtés de son
père, accueillir avec grace les ré-
clamations des citoyens : il a voulu,
comme le duc d'Orléans, faire partie
de notre milice citoyenne, et s'est em-
pressé de prendre rang dans la garde
nationale à cheval. Avant la révolution de juillet, il était colonel du 1er régiment de chasseurs à cheval, qui prit
le nom de *Chasseurs de Nemours*, et
qui est devenu depuis le 1er régiment
de lanciers. A l'époque de la révolution belge, qui suivit la nôtre de si
près, ce peuple, devenu libre aussi,
tourna aussitôt ses regards et ses vœux
vers le duc de Nemours et le choisit
pour roi. Des considérations de haute
politique européenne empêchèrent la

réalisation du désir de toute une nation qui manifesta hautement ses regrets. Il fut aussi question du jeune
prince français pour le trône de la
Grèce, donné depuis au prince Othon.
A l'exemple du duc d'Orléans, le duc
de Nemours a refusé de porter une
décoration qu'il pensait n'avoir pas
encore méritée, décoration qui était
auparavant placée comme un hochet
dans tout berceau de prince. Le duc
de Nemours est heureux quand il se
voit à la tête de son régiment de lanciers, et il brûle de signaler son jeune
courage. Dès que notre armée se met
en marche, il vole avec fierté dans ses
rangs. Aujourd'hui la France est sûre
d'être bien défendue contre ses ennemis, car les fils de son roi marchent
au premier rang de ses défenseurs.

François-Ferdinand-Philippe-Louis-

Marie d'Orléans, prince de Joinville,
est né à Neuilly, le 14 octobre 1818.
Il a fait aussi ses études au lycée
Henri IV, et se destine à la marine;
mais, dérogeant à l'ancienne coutume
qui donnait à un prince le titre de
grand-amiral avant seulement qu'il
ait vu la mer et mis le pied sur un
vaisseau, le prince de Joinville doit,
comme simple aspirant, monter de
grade en grade, en acquérant toutes
les connaissances utiles à un ma-
rin. Il a déjà séjourné long-temps à
bord d'un bâtiment et a fait plusieurs
voyages sur mer; il a été à Alger et à
Malte. Ses manières franches et bien-
veillantes, son vif désir de s'instruire,
son aptitude à comprendre les manœuvres les plus difficiles, lui ont con-
cilié l'affection des officiers et des ma-
telots.

Henri-Eugène-Philippe-Louis d'Orléans, DUC D'AUMALE, est né à Paris,
le 16 janvier 1822. Ce jeune prince
était particulièrement affectionné du
duc de Bourbon, qui l'a institué son
héritier. A peine âgé de 11 ans, le duc
d'Aumale montre déjà les dispositions les plus heureuses. Il est plein
de vivacité, d'esprit naturel, et
des études assidues doivent bientôt
développer chez lui des qualités brillantes. Il suit les cours du lycée
Henri IV, ainsi que son plus jeune
frère, Antoine-Marie-Philippe-Louis
d'Orléans, DUC DE MONTPENSIER, né à
Neuilly le 31 juillet 1824[1].

Louise - Marie - Thérèse - Charlotte -
Isabelle, princesse d'Orléans, fille

(1) Le roi a souvent répondu à des amis
dévoués qui manifestaient quelques craintes eu
le voyant se promener seul dans Paris : « *Ma*

aînée du roi, est née à Palerme le 3
avril 1812. Élevée sous les yeux de sa
mère, elle offre le plus rare assem-
blage des graces, des talens et de toutes
les vertus ; c'est un modèle de dou-
ceur et de bonté. Elle vient d'unir [1] son

sauvegarde la plus sûre est dans mes cinq
fils qui viennent après moi. »

Cependant une affreuse tentative vient de
faire frémir d'indignation Paris et la France entière. Le 19 novembre 1832 le roi se rendait à
la chambre des députés pour l'ouverture de la
session. Un coup de pistolet a été tiré sur lui
presque à bout portant, au débouché du Pont-
Royal, vis-à-vis la rue du Bac. L'assassin a
manqué son coup, et le roi, courageux et
calme, a continué sa route aux cris de joie de
tout un peuple. L'instruction relative à cet af-
freux attentat est évoquée en cour royale, et
son auteur ne tardera pas, on l'espère, à être
connu.

(1) A Compiègne, le 7 août 1832.

sort à celui d'un roi élu comme le nôtre par un peuple libre. Ce mariage doit rendre indissolubles les liens d'amitié et de bonne intelligence entre deux nations voisines. Léopold, prince honnête homme, roi libéral et constitutionnel, a appris en Angleterre à respecter les droits du peuple, et le peuple qui l'a choisi pourra s'enorgueillir de son choix. Léopold a déjà prouvé, en maintes circonstances, par son courage et son habileté, qu'il sait tenir d'une manière ferme le sceptre que la nation belge lui a confié pour la défendre. Ses mœurs pures, son instruction, l'aménité de ses manières, l'élévation de ses idées, et la vive affection qu'il avait depuis long-temps conçue pour celle qui est aujourd'hui sa compagne, promettent à notre jeune princesse française un long avenir de bonheur. La destinée serait trop injuste si elle en décidait autrement.

Marie-Christine-Caroline-Adélaïde-Françoise-Léopoldine, princesse d'Orléans, est née à Palerme, le 12 avril 1813. Ainsi que sa sœur cadette, Marie-Clémentine, née à Neuilly le 3 juin 1817, elle a reçu une éducation solide et brillante. Ces deux jeunes princesses marchent sur les traces de leur mère et de leur tante, si bonnes, si douces, si bienfaisantes. Jamais l'infortune ne les implore en vain. Que de bienfaits répandus par elles ! bienfaits secrètement et noblement répartis, ébruités seulement par le vif élan de la reconnaissance. Jamais famille de roi ne fut meilleure et plus belle :

elle serait l'honneur d'un simple particulier ; elle est la gloire et l'espoir de la France.

FIN.